熱波師の仕事の流儀

サウナーヨモギダ

ぱる出版

序章

日本の熱波師とその流儀

2021年日本のサウナ

本書を執筆している2021年7月現在、新型コロナウイルスが流行している所謂《いわゆる》コロナ禍であり、政府から緊急事態宣言が発出されている。僕が住んでいる東京では数日後にオリンピック・パラリンピックの開催が控えている。道行く人のほとんどがマスクをつけていて、建物のどこの入り口にも消毒用のアルコールが設置されている。ソーシャルディスタンスが叫ばれ、人々は距離をとって生活することを余儀なくされている。厳戒モードであり飲食店へは休業・時短営業が要請されている。当然サウナにもその影響は及んでいて、規模や業態により、休業や時短営業を強いられている施設もある。

そんな状況にも関わらずサウナはブームを迎えている。サウナがテーマのテレビドラマや情報番組でのサウナの特集。地方には湖や川のほとりにサウナ小屋が多く造られた。一人用サウナやテントサウナといった新たなアクティビティも登場し定着しつつある。日本中のサウナ施設の情報を網羅したサウナ検索サイトによるサウナのデータベース化。Tシャツやサウナハット、タオルなどのサウナグッズ。サウナを取り上げた書籍やムック本などが複数販売されている。人気の施設では行列ができたり、完全予約制だったり入場規制を行うほどだ。一部のサウナ施設は明らかに人出が増え、静かに落ち着いて楽しむのは難しい状況だ。ブーム前を知る人達は多少煩わしく感じているかもしれない。一方で、ブームに乗り遅れた施設の閉店がコロナ禍と相まって続け様に起こってしまった。

新旧ユーザーや施設の運営者など立場により多様な考え方があるだろうが、やや停滞が続いていた温浴市場で大きな変化が起きているという点でムーブメントとしてはポジティブに捉えられる状況といえるだろう。ブーム後にサウナを好きになった人は気後れすることなくサウナを楽しんでほしいし、旧知のユーザーは新規のユーザーに寛容であってほしい。施設側は新旧ユーザーどちらも受け入れてほしい。

現在はサウナユーザー同士の対立が散見されている。誰もが平等にサウナの楽しみを享受できているかというとそれは現状そうとはいえないであろう。本来サウナは他人のことなど気にせず気軽に楽しめるものであったはずだ。ブームによって多少風向きが変わってしまった。誰もがサウナを楽しむことができるようになるにはどうしたらいいだろうか。サウナ室を支配しコントロールできる熱波師は、ユーザー同士の橋渡し的存在になれるかもしれない。そう考え熱波師について考察することにした。

熱波師とはどのようなものか

サウナ室にあるサウナストーブの石に水を掛け水蒸気を発生させる。これをフィンランド語でロウリュという。サウナ室内に充満した水蒸気をタオルなどを振り攪拌《かくはん》させサウナ客へ熱い風を送るのが熱波師だ。ドイツ語ではこれをアウフグースといい、それを行う者はアウフギーサーと呼ばれる。水蒸気を発生させるのがロウリュ、それを攪拌し扇ぐのがアウフグースである。日本では当初、アウフグースのサービスがロウリュと呼ばれていたこともあり、ロウリュとアウフグースが混同されてきたが近年は正しい表記をすべきという意見が多く区別されるようになりつつある。

アウフグースは客人を扇いで熱い風を送るだけが目的ではない。タオルをジャグリングのように回してその技術をショー的に音楽と同期させてよりエンターテイメント性を高めたパフォーマンスがあり、それはショーアウフグースと呼ばれる。熱波を送る前にロウリュやアウフグースの説明を行う口上がある。そこでサウナの魅力について語ったり、客人へのマナーを促したり、面白いことをいって笑わせる者もいて多種多様である。

このようなサービスは２０００年前後から日本に導入され始めた。日本で普及し始めた当初は温浴施設の従業員が行うのが通例であった。その頃は熱波のサービスを行う者が便宜上、苗字は軽く名乗っていたが、その個人として認識されるためではなく、客からも名も無き従業員の一人のような扱いに近かった。あくまで一従業員が行う業務と認識されていたように思われる。それが大きく変わったのが２０１０年代半ば頃からで、特定の施設の従業員熱波師が他店に呼ばれて熱波のパフォーマンスを行うことがされ始めた。この頃にプロである職業熱波師も登場した。

日本で行われたアウフグース講習

日本のサウナメーカーである株式会社メトスのサイトに日本で行われたドイツサウナ協会と株式会社メトス共同によるアウフグース講習の模様が公開されていたので、こちらを基に同社営業部の佐野貴司氏に詳しく伺った。その講習会は２０１９年11月14日から2日間、東京の昭島ソッピで開催された。参加者は30名ほどでそのほとんどは日本各地で活躍している熱波師だったという。研修終了後にはドイツサウナ協会公認アウフギーサーの修了証が授与された。

アウフグースには型があり規定されたタオルの振り方が存在するという。ここで用語解説も含めて基本的なアウフグースの扇ぎ方を紹介したい。

- **ランバージャック**　上から両手で前に振り下ろす振り方
- **パラシュート**　後ろから振りかぶり下に振り落とす
- **エイト**　8の字を描くように振る
- **エンジェル**　横から背負投げのように前へ振る。天使の羽みたいに
- **フラッグ**　真横から旗のように振る
- **ピザ**　ピザ職人がピザ生地を伸ばすように片手でクルクル回す

これらの他にドイツでは麻の袋に小豆などの穀物を入れてそれを振ったり、棒に付いた旗を応援団のように振るパフォーマンスをする者もいるという。

これらの振り方など様々な型があり、アウフグースの世界大会には50個以上の評価基準があるという。日本でもこの世界大会に挑戦したいという動きがある。ドイツサウナ協会も日本のレベルアップを望んでいるという。大会基準のサウナ室は広さ30平米以上で最大100名ほど収容できるものであり現状、日本の防火などのルールでこの規模の

サウナ室をつくるのは難しいという。しかしながら自治体ごとにこの基準が違い、大会基準のサウナ室をつくることができる可能性はゼロではないという。粘り強い提案と交渉が必要になってくるだろう。株式会社メトスは世界大会予選が日本で開催されることになれば運営などでサポートしていきたいとのことだ。

熱波師とアウフギーサーの違い

本書では日本でアウフグースを行う者は広義で熱波師と呼ばれている背景を考慮し熱波師という名称を使う。アウフギーサーはドイツマナーに則《のっと》ったパフォーマンスをする者を指して使うこととする。実際のパフォーマンスは、熱波、ロウリュ、アウフグースと時代や熱波師、施設などによって使われている名称を適宜使い分けている。

- **熱波師**　サウナ室でタオルなどを使って扇ぐ人
- **アウフギーサー**　ドイツマナーに則ってサウナ室で扇ぐ人
- **ロウリュ**　サウナストーンに水やアロマ水を掛けて蒸気を発生させる行為。扇ぐ行為も含む場合がある

・熱波　サウナ室で扇ぐ行為
・アウフグース　サウナ室で扇ぐ行為。ドイツマナーに則っていない場合もあり

本書の目的

熱波師はサウナの普及に伴いスポットライトを浴びることが多くなりつつある存在である。熱波師が登場するまでサウナのスタッフが目立つことはほぼなかった。これからさらに日本のサウナを発展させるため熱波師の存在はより大きなものになっていくだろう。

熱波師達はどういう経緯でその職業を選び、何を考えて風を起こしているのか、そもそも職業として成立しているのか、あまり知られていないように思われる。熱波師の派手なパフォーマンスの裏で何が起きているのか。本書は熱波師達に取材し職業としての熱波師や温浴業界について考察している。

熱波師のパフォーマンスはサウナ施設に行けば実際に受けることができる。有名熱波師だとテレビや動画などで見ることもできるだろう。客観的に見えるものはその表層に

過ぎない。熱波師達はその刹那のパフォーマンスのために大いなる準備を施している。技術的・体力的鍛錬を積み、精神のバランスを整え集中する、客人から喜ばれるために頭を悩ましている。そんな熱波師達の目に見えない精神性の部分を中心に取り上げた。

目に見えるパフォーマンスは映像に残すことができる。だが実際のその熱波を受けたという体験は残すことができない。では何が残せるかというと熱波師達が何を考えタオルを振っていたか。仮に彼らが熱波師を引退などで辞めた後にもそれで振り返ることができる。ぜひその精神性をアーカイブしたい。それを本書の目的とし、そんな想いで執筆した。日本の熱波、ドイツのアウフグースどちらにも中立な立場であるのが僕の基本スタンスである。

熱波師の世界にしかない考え方もあったし、あらゆることに通じる普遍的な考えもあった。必ずしも崇高な思想だけではなかったし夢や理想と離れた現実との戦いもあった。熱波師達の精神性が理解できればそのパフォーマンスが一段と違ったものになるだろう。

いま本書を手にしているあなたの生活や仕事にとって参考になることがあるかもしれない。本書がより深く熱波師のことを知り、より深くサウナを楽しむきっかけになれば嬉しい。

熱波師の仕事の流儀◉目次

第2章 レジェンドゆう
売れっ子熱波師のマネジメント術　35

考察 これからの熱波師とサウナ業界 149

あとがき 174

第1章

箸休めサトシ

お笑い芸人と正統派熱波師のハイブリッド

2018年夏、熱波師の大会である熱波師甲子園で彼のことを初めて見た。僕はこの大会の審査員をしていた。この時すでにお笑い芸人が熱波師を兼任しているのは珍しいことではなかった。正直なところ、お笑い芸人の熱波パフォーマンスは技術的にもお笑い的にも中途半端なものが多く、ほとんどの者が長続きしていない。僕は彼にもあまり期待していなかった。しかしそれは冒頭ですぐに覆された。登場して安定感のある口上。正確に蒸気を攪拌させる技術。全てが他とは一線を画す本格的なパフォーマンスだった。僕を含めた審査員は固唾をのみ見守っていた。この頃の熱波甲子園はわかりやすいパフォーマンスが有利であり、このような本格的なパフォーマンスは勝つのが難しかった。実際にこの大会で優勝をしたのは鉄板でジュージューと音をたてながらホルモン焼きをサウナ室に持ってきたチームである。

衝撃のメッセージ

彼自身、他のパフォーマンスを見て焦ったと後に語っている。彼は本格的なパフォーマンスを途中でやめ「こんなものいらない！」と持っていたタオルを投げ捨てたのだ。

試合放棄ともとれるその行動に皆、唖然とした。侍が刀を捨てたようなものである。その後彼はどうしたかというと、腕をバタバタさせ体でサウナ室を扇ぎ始めた。当然風など起きない。何もかも破れかぶれになり癇癪《かんしゃく》を起こした子供みたいであった。

そして彼はこういう主旨の言葉を叫んだ。「そもそも扇ぐことに意味はあるのか！」と。実に奥の深い言葉である。僕は深い感銘を受けたのをいまでも強く覚えている。この言葉の衝撃であまりに興奮してどのようにこのパフォーマンスが終わったのか覚えていないほどである。冷静な状態に戻った後、彼のパフォーマンスに最高得点を付けた。しかしその後もあの言葉が頭の中を駆け巡っていてその意味を考えていた。ひょっとすると戦場の最前線で戦う兵士が「この戦争に意味はあるのか？」と気づいた場面と同じかもしれない。熱波師が競うことの意味は再考する必要があるというメッセージなのではと。僕は「熱波師を審査することに意味はあるのか」という気持ちにもなってきた。

とにかくこの大会で彼はジューと鉄板で焼かれたホルモン焼きのパフォーマンスに負けた。本当に負けたのだろうか？ 勝つことに意味はあるのだろうか？ そんな気にもなってくる。少し頭が混乱してきた。終了後とりあえず僕は彼に「僕にとってこの日最高のパフォーマンスだった」と伝えた。

実はベテラン熱波師

彼の熱波師としてのキャリアは長い。彼が熱波師の門戸を叩くことになったきっかけは横浜鶴見にあるファンタジーサウナ＆スパおふろの国で募集されていた「熱波師芸人募集」の張り紙である。いまから11年前、2010年のことだ。どんな内容かも知らずに気軽に申し込んだと後に話している。その当時、熱波師を始めて数ヶ月の井上勝正氏と共に熱波師としてのキャリアを始めた。いまとなっては多くの弟子がいる大御所熱波師の井上氏だがその頃はまだ駆け出しであった。井上氏と箸休めサトシ氏の関係は師弟ではなく先輩後輩の関係性であったという。つまり10年以上経ったいまから考えればほぼ同期といっていいだろう。

実はその頃行われた第1回熱波甲子園に出場している。この最初の大会は熱波師同士がサウナ室で互いを扇ぎ合い熱さから耐えられなくて出ていった者から脱落するバトルロワイヤル方式であった。この方式は後にも先にもこの大会のみである。理由は後述する。箸休めサトシ氏は持ち前の根性でタオルを振り最後の2人まで残る。最後まで残るとタオルを振って体力を失うより何もせずに我慢する方が得策だと2人とも気づいたという。そしてただのサウナ我慢大会になってしまった。そこまで残った2人の根性は相当なもので、遂に1人が泡を吹いて倒れるまで続いた。それにより優勝したのは箸休めサトシ氏である。準優勝は現在栃木県小山市のスーパー銭湯支配人の酒寄氏であり、救急車で運ばれたが幸いなことに無事であった。扇がないほうが有利な理不尽さに加え我慢大会になってしまっては熱波師のコンテストとはいえない。この半分事故のような結果によって大会スタイルは見直される。これを機に熱波甲子園はパフォーマンスや技術、知識を競う大会へと変貌していく。

おふろの国での熱波師の仕事は実に辛かったと話す。この頃はまだロウリュや熱波師はほぼ知られていなかった。サウナ室では客に「余計なことをするな」と怒られ、これから熱波をすると浴室で大きな声で告知するが誰も見向きもせずサウナ室に集客するのに苦労したという。洗い場でシャンプーをしているおじさんに「絶対気持ちいいから！ホントにキモチイイから！ ほんのチョットでもいいからお願いします！」と頼み込んでいたという。「街角の怪しいマッサージ勧誘と何も変わらなかった」と遠い目をしながら少し悪戯な表情でその頃を振り返っていた。

大変だったのは集客や客の反応だけではない。熱波のパフォーマンス自体が非常に過酷なものだったのだ。高温の熱波に加え大声を張り上げてのパフォーマンス。タオルでの扇ぎも必要以上にする。機能的・理論的というより気合い・根性で乗り切る熱波初期のスタイルである。最初は気合いや根性で乗り越えていたが徐々にキツくなっていったという。肉体的に限界を迎え、体が攣《ひきつ》るようになる。それに加えポリープができてしまい芸人の命である声が出なくなってしまった。流石《さすが》にこれは限界だと感じ、辞める意思を運営側に伝えた。しかしそれも気合いと根性で乗り切るようにいわれ認められなかったという。しかし芸人の仕事にも影響が出てどうしても耐えられなくなり逃亡という形でおふろの国を離れる。

その後友人から「お前、指名手配されているよ」とおふろの国に貼られた箸休めサトシ氏を指名手配する画像が送られてきたという。個人的に少々悪ノリがすぎると思うがこれは双方納得しているコミュニケーションらしいのでその是非については触れないでおく。辞める辞めさせないのやりとりも同様である。

現在はSKYSPA YOKOHAMA所属の従業員

彼はおふろの国で挫折を味わった数年後SKYSPA YOKOHAMA（以降、スカイスパ）

の従業員として熱波師に復帰する。横浜駅直結のビル14階にある高級スパ施設である。男性サウナ室からは横浜の鮮やかな夜景が一望できる。首都圏で最もアウフグースに力を入れている施設といって過言ではないだろう。この施設の熱波師というとサウナファンから一目置かれる存在である。男性サウナ室では昼から深夜まで1時間毎にアウフグースのパフォーマンスが行われている。ヨーロッパで本場のパフォーマンスをオーナー自らが巡りそれをスカイスパ流にアレンジしている正統派かつ本格的なものだ。

この施設に所属し本格的なスタイルに初めて触れてそれに惹かれ、4年間ほどはおふろの国や芸人のスタイルは封印していたという。加藤という一従業員として従事した。熱波師だけではなく他の業務も行う温浴の運営スタッフであり、サウナだけではなく温浴全体を掌握している。

スカイスパのアウフグースには型がある。スタート前に扉を開けての換気、客の入場のアナウンス、開始前の口上、アロマ水を掛ける量、上部を旋回させる回数、これら全てが詳細に規定されている。彼はそれを徹底的に叩き込んだ。そしてその型を自分のものにした。

日本の芸事には「型から入り型を抜ける」という考え方がある。まずは基本の土台づくりなのだ。その土台ができた者は型を抜けた表現の幅が広がる。型がない者の表現はただの戯れである。型を身につけた者だけが型破りをできるのだ。

スカイスパアウフグースの型を抜けた彼は新しい試みを始める。施設の多目的スペースでのお笑いのネタ見せである。サウナ室から飛び出し自分の特技を施設に還元するという考えは型を抜けた者の発想だ。そしてエンターテイメントを取り入れたアウフグース。テーマを決めたアトラクション的なパフォーマンスである。正統派アウフグースの施設では冒険的な取り組みであったが好評を得ている。新型コロナ禍で宿泊者が減ったので考えたのが「ミッドナイトアウフグース」。宿泊者向けのアウフグースサービスだ。施設あっての自分という想いがあるからこそ出たアイデアだろう。

追加料金が発生するプレミアムアウフグース。参加者は追加で数百円を事前に予約した上で払う。いままで無料だったサービスの有料化である。有料のお客さんはお金を払ってくれるだけあって、サウナやアウフグースが好きで、より純粋に楽しんでくれるという。ただ無料のお客さんの質が低いかというとそうでもなく、初見のお客さんにアピールする機会でもあるので無料のサービスも必要だという。

この有料システムを導入したのは日本で初めてだと思われる。この取り組みは個人的に賛成だ。満員で溢れているぐらいなら有料にした方がいい。それに熱波師の取り分が定量的に可視化されるのが施設にとっても熱波師にとってもフェアである。これについては最終章（「考察――これからの熱波師とサウナ業界」）で詳しく後述する。

彼はスカイスパの熱波師として努力を重ね、施設に改革を起こし人気熱波師としてのキャリアをさらに積んでいくことになる。

失敗から学んだ入念な準備の大切さ

彼は熱波師を始めた頃、肉体的な限界を感じることが多かったと前述している。体が攣り、ポリープで声が出なくなった。それはいま振り返ると原因がわかるという。その原因は「熱波師として必要な体のケアを知らなかった」からである。サウナ室でのパフォーマンスで大量の水分が失われる。ただ静かに裸で座って入っているだけでも熱く大量に発汗する環境で、着衣でそのまま立ってタオルを振るという激しい運動をしているのだからそれが如何に過酷かわかるだろう。そんな環境で知識がなかったためにあまり準備をせずパフォーマンスに臨んでいたのだという。それが失敗だったのだ。

いまはパフォーマンスの5時間前から準備を始めている。まずは水分補給である。脱水症状のまま激しい運動をすると体が攣る。それを学び事前にしっかり水分を摂る。人間の体に水分が吸収されるには時間がかかるので早めに飲み始めるのだという。水分は水だけではなく、まずは緑茶から飲む。次にアミノ酸を含んだ飲料。そしてタウリンを含んだ飲料。この順番で飲むという。緑茶には鎮静作用や血圧の抑制、アミノ酸は持久力、疲労回復。タウリンは疲労回復。それぞれ効果があるといわれている。それらをしっかり補給することで体のケアができるのだ。

体調管理も大切だという。熱波師は絶対に倒れたら駄目。お客さんには辛い表情を見せて不安にさせるのも駄目だと考えている。ベストなコンディションでパフォーマンスに臨む。それがプロの矜持《きょうじ》というものだろう。

次の準備はイメージトレーニングである。彼のパフォーマンスは全て予定通りのシナリオがあり全ての所作が決まっているという。始まる前の呼び込みから換気、実際のパフォーマンスまで詳細に理想の動きが存在している。それを再現するのが彼の考える最高のパフォーマンスなのである。「仮にお客さんが喜んでくれても自分の理想の動きができなかったら満足しない」と言い切る。結果よりもプロセスを重視しているのだ。

そして1時間前にはイメージトレーニングの後、アロマ水やタオルなど道具の準備が始まる。早すぎるのではと思うが準備は入念にするのが大切だという。実際のパフォーマンスより多くの時間が準備にかけられているのだ。

自然に発生したプロ客の存在

彼がアウフグースをしていると、拍手をしてくれたり、手拍子を先導してくれるお客さんが自然発生するという。繰り返しパフォーマンスをしているとお客さんも彼のアウフグースの型を覚えてくるのである。

歌舞伎の世界では「大向こう」と呼ばれるプロの客（実際にはプロではない）がいる。舞台から一番遠い席で「よ！ ～～屋！」「待ってました！」「よ！ 千両役者！」などと掛け声を演目中に入れるのである。このプロの客は演目の台詞も全て覚えていて完璧なタイミングで掛け声を入れるという。一説によると実際に演じている役者よりも難しいといわれている。

歌舞伎でもサウナでも突如として現れるプロ客は何者かわからないが、プロ客が発生することは一流の証なのだろう。彼が型を守りいつも安定してパフォーマンスしているのは評価されてしかるべきだ。

熱波師がパフォーマンスをしているときに失敗したり、言葉に詰まったりしたときに助け船の相の手を入れてくれるお客さんをたまに見かけるが、そういうのはどんどんやってほしいと個人的に思う。熱波師のレベルアップは当然だがお客さんのレベルアップも必要である。良い客あっての良いパフォーマンスなこともあるはずだ。

お客さんに望むこと

お客さんには恵まれている彼だが、お客さんに望むことは色々とあるようだ。

まずは盛り上がってくれたらいいという。やはり芸人でありサウナという舞台でもお客さんを盛り上げることを念頭においている。

他にもたくさんお願いしたいことがあるので羅列してみよう。

- 再入場はやめてほしい
- マナーを守ってほしい（水風呂前の掛け水や浴室での会話、場所取りなど）
- 立ったりイレギュラーな動きはしないでほしい
- 他の熱波師のルールを持ち込まないでほしい

- 熱波師の個性を楽しんでほしい
- (熱さや風の強さなどの)正解を決めないでほしい
- 純粋に楽しんでほしい

どれも特に難しいお願いではないのでサウナ愛好家の方はぜひ守っていただくよう謹んでお願いしたい。熱波師からこういうお願いはあまりしたくないだろうから、勇気を持っていってくれた彼に敬意を表したい。

ゼロからイチをつくるパワーを大切に

お笑い芸人でも熱波師でも集客に苦しんだことが多い。どちらもお客さんゼロになりそうになり、頭を下げて来てもらう。そんな泥臭い経験をたくさんした。故にゼロをイチに変えることを大切にしているという。確かにゼロとイチは全く違う。イチを2や3に増やすのよりはるかに難しい。

これから熱波師を目指したい人にはまずこの精神を大切にしてほしいという。そして基本を身につける。それから自分の表現したいことを早い段階で決める。それから自分の型をつくるのがいいだろうとアドバイスする。

タオルは5種類ぐらいから3種類程度を選ぶという。薄くて重く吸水性のないものが向いているのでお勧めだという。

アウフグースプロフェッショナルチームを結成

彼を中心とする五人組のアウフグースチームを発足した。メンバーは彼の他に第6章にも登場している女性熱波師の五塔熱子氏、スカイスパで同僚の永井テツヤ氏、同じくスカイスパの鈴木陸氏、サウナメディアサイト「サウナタイム」代表サウナーけた氏である。実力派のメンバーのみで構成されており、本気なのが窺《うかが》える。

このアウフグースプロフェッショナルチームには日本から世界大会を目指したいという野望があるという。日本から予選に参加するにはインフラの整備などまだいくつかの障害があるが乗り越えなくてはいけない。100名〜200名収容の大型サウナ室が日本にできれば大きく流れが変わるだろうと語っていた。ここでは詳しく書けないが確実に世界大会予選出場について動き出しており、とても本気度が高いと感じられた。今後の展開を期待したい。個人的に応援したい。

サウナ室は劇場であり表現の場所

彼にとって熱波師とは何かと尋ねたらこう返ってきた。「サウナ室は劇場の舞台でありそれは表現の場所。熱、視覚、アロマなど第六感を含め全てで感じるエンターテイメント」であると。自分は常にパフォーマーであり芸人でありたい。舞台であるサウナ室から降りるようなことはもうしたくない。なぜ熱波師を続けているかというとお客さんから求められているからだ。エゴサーチをして自分の評判は常にチェックしている。誰からも求められなくなったときが辞めるときだ。そう熱く語る。

彼からは常に前に進み続ける覚悟が感じられる。芸人として熱波師としてベテランと呼ばれる歳になるまで舞台やサウナ室に立ち続けてきた自負もある。話を聞いている限り、彼が熱波師を辞めることはないだろう。

夢はいっぱいある

アウフグース世界大会出場が目下の夢であり目標だが、他にも壮大な夢がある。大型テーマパークにサウナのアトラクションをつくりたいのだという。そこでぜひ案内役とアウフグースをしたいそうである。彼のアウフグースと話芸があれば面白いものができそうだし、サウナに興味がない人達にアピールできそうだ。

他にはサウナ施設のプロデュースやマネジメントのアドバイス、コンサルタントなどやりたいことはいっぱいある。彼ならば着実に前へ進んで行くだろう。

僕は彼にもう一度サウナ室で素手で扇いでもらいたい。

第2章
レジェンドゆう
売れっ子熱波師のマネジメント術

「クセが強いでしょう、ゴメンね」取材でお話を伺ったとき、そういいながらアイスコーヒーを出してくれた。「砂糖とミルクこうやって入れると美味しくなるのよ。喫茶店で働いてたことあるからわかるの」と教えてくれた。確かに一癖も二癖もありそうである。彼女とは顔を合わせたことはあったがじっくり話すのは初めてだったので少しだけ面喰らった。実に面白そうな方であると思った。

彼女が主に土曜日の熱波師をつとめるサウナ施設の御徒町スパリゾートプレジデントのレストランで話を聞いた。この日は午前中にも関わらず、フロントで多くのお客さんが行列していた。凄い人気である。

いま日本で最も稼いでいる売れっ子熱波師

彼女はフリーで活躍する女性プロ熱波師である。まだプロ熱波師になって数年だが凄い人気だ。コロナ禍以前の彼女の月間スケジュール表を見ると全てが埋まっていた。関東広域エリアから東海エリアなど幅広く毎日熱波師をしていた。最長で75連勤をしたという。最近子育てを終え全員巣立ったといっていたのでそれなりの年齢だろう。しかも熱波師はかなりの重労働である。とんでもなく働き者である。体壊したりしないかと余計な心配をしたくなるほどだ。

いまはまだコロナ禍の影響があり4施設しか復帰しておらず、仕事はピークの半分ほどだという。コロナ禍が始まった頃、仕事がほとんどなくなり大変な思いをしたという。しかし彼女のファンがオリジナルグッズをつくって台東区の銭湯、湯どんぶり栄湯で販売してくれてその利益を応援金として渡してくれたそうである。そういうことをしてくれるファンはなかなかいないだろう。彼女はヘビーなファンを抱えるタイプの熱波師であることが窺える。

熱波師になったきっかけ

最初は埼玉県春日部市の大型温浴施設かすかべ湯元温泉で立ち上げスタッフとして働き始めたのがきっかけである。熱波師になるつもりはなかったという。しかもサウナが嫌いだった。10秒ぐらいでもう無理だったという。熱波師をしないかと頼まれたが最初は断ったという。しかしまたやらないかとしつこく頼まれたので、他の施設へ熱波サービスの視察に行ったという。そこで自分のやり方が閃《ひら》めき、かすかべ湯元温泉で熱波師を始めることにした。サウナに10秒しか入れないのに始めたのは驚きである。

始めた頃はお笑い路線だった。コスプレをしてみたり人を惹きつけようと試行錯誤したという。その頃の彼女を一度だけ熱波師の大会である熱波甲子園で見たのだが、レジェンドゆうという名前なこともあって喋りが上手いしお笑い芸人の方かと思った。そしてそのパフォーマンスは洗練されたものとは言い難く審査員の僕は低得点の評価にした。ちなみにお笑い芸人はやったことがないが、バスガイドを昔にやっていたのだという。後から聞いて僕は膝を叩いた。これはバスガイドの喋りだ。ちなみにレジェンドゆうという名前は当時コンビを組んでいた同僚が命名してくれたという。自分でレジェンドなんていうのは恥ずかしいと最初は嫌だったけど、名前負けしないように頑張ることにしたという。

熱波師としてモデルチェンジをする

そのまま試行錯誤しながら熱波師を続けていたがあるときに気づいたという。熱波師は風が大切であると。そしてもう一つ、安心・安全ではないパフォーマンスが横行していてお客さんが安心して熱波を受けられなくなっていると。確かに熱波甲子園では派手なパフォーマンスをすることに気を取られて危険な熱波師が多かった。お客さんを蹴飛ばしてしまったり、タオルをお客さんにぶつけてしまったりと酷かった。

そこから彼女は心地よい風と安心・安全をテーマにモデルチェンジをした。他の熱波師ができないことをしたいと思ったのだという。アウフグースのフラッグを取り入れ、さらに自分の扇ぎ技を次々と開発する。ウォールという背中から来る風や、足の裏に来る風、耳や顎などをピンポイントで狙い撃ちできるという。サーキット、ヘクターローリングなど色々な技があると教えてくれた。こだわりが凄すぎてビックリした。本当に細かくて会話を録音したが全部拾いきれなかったほどだ。信じられないほど技にを磨いていた。そして彼女がモデルチェンジしたのは風だけではない。アロマも大幅に見直した。使うアロマは10種類ほどで色んなシリーズを季節によってつくっているという。その時は初夏だったので海シリーズだった。アロマで季節感を出している。所有しているアロマは200種類以上だという。とんでもないこだわりである。

2018年熱波甲子園パフォーマンス部門賞受賞

僕がモデルチェンジをした彼女のパフォーマンスを初めて見たのはこの舞台だった。

それまでの彼女とは全く違った。フラッグで大きく振る風。サウナ室に渦ができていた。あまりの変わりようにとても驚いたのを覚えている。もちろん高得点を付けた。結果準優勝とパフォーマンス賞を受賞。パフォーマンス賞だけ狙っていた。それでも取れないと思っていたという。しかし取れてやっと評価されたと嬉しかったと振り返る。

その前の年も見ていたがたった1年間でこんなに変わったのは、血の滲むような努力をしたのだろう。本当に頭が下がる思いだ。

女手一つで3人の子供を育て上げた

彼女はシングルマザーで3人の子供を育て上げたのだという。それは本当に大変だったと涙を浮かべながら振り返る。金銭的に困ることがあり苦しい時代だったという。そしてつい最近やっと全員育て上げ巣立っていったという。

その時、彼女は子供達にこう訊いた「これから自由に生きていい？」子供達は「いいよ」と素直に返してくれたという。本当に嬉しかったと語ってくれた。自由とは何かというと「これからも熱波師としてお客様を笑顔にしたい」のだという。どこまで献身的なのだろうか。

少しできた余暇の時間はアクセサリーをつくったりしているという。手づくりの携帯用消毒ボトルケースを見せてくれた。

異常といってもいいほどの徹底した下準備

進化を止めないのが自分なりのスタンスだという。いまこだわっているのが途中で香りが変わる変化球ロウリュ。香りを重ねて変化させるというのだ。アロマに関しては彼女が独走状態に思われる。素人はついていけない次元で孤高な感じがある。

彼女は各種色々な資格を持っているという。サウナや救急やアロマ、調理師など多岐にわたる。元サービストレーナーや元心理セラピストでもある。なんでもできて見透かされそうで少し怖いぐらいだ。プロとして喰っていることへのこだわりがあるという。

施設向けの営業活動も自分で行っているという。コロナ禍前は全国のサウナ施設や銭湯などに営業をかけていたという。可能性のあるところほとんどに連絡していたと聞く。しかしいまは営業ではなく場所を探しているという。最近は施設の外のスペースで熱波師体験会のイベントをしていたりする。

SNSではユーザーとの交流を積極的に行っている。そこにもこだわりがあって、同じ言葉使いはしない。自分の言葉を使う。手抜きしない。これだけは絶対に守っているという。全てにおいて丁寧な人だと思うし僕のようなガサツな人間には耳が痛かった。

「サウナイキタイ」というサウナ検索サイトのサ活という口コミにも必ず返信しているという。ここでも全員に違う返信である。このサイトは自分のポイントを投稿者にプレゼントできるのだが全員に3ポイントずつ配っているという。お客様から英気をもらって自分の力になっているからそのお返しだそうだ。やれることは全部やるの精神で徹底的にやっている。落ちるところまで落ちたから頑張れるそうだ。会社員だったら上司に喜ばれるタイプだろう。僕には到底真似できない。

こういう孤高と呼べるほどのこだわりと手厚すぎるユーザーのケアで彼女のヘビーユーザーはとても多い。熱波師は彼女だけでいいというタイプのユーザーが結構いるのではと思う。熱波やアウフグースのファンではないが彼女のファンという人も多そうである。

熱波師として苦しかった経験

サウナが苦手だったので熱さに耐えるのが大変だという。しかし10秒しか入れなかったのだから大きな進化を遂げている。

あとは言ってないことを言ったとイチャモンつけられることが多かったという。詳しくはわからないが目立って頑張っているから妬《ねた》まれて悪く思う人もいるのだろう。女性熱波師ならではなのが、女性が男湯に来るなというクレームである。ジェンダー問題はデリケートなので難しいがこれから増えそうな問題である。それと男性客の奥さんからのクレームもよくあるという。「うちの旦那に何してるんですか?」すでにイチャモンレベルだが、強そうに見えるので損しているという。ここには書けないような理不尽な話もあった。僕も強そうな人だと思っていたが、話してみたら想像と違って柔らかい印象に変わった。弱いなりに頑張って這い上がっている姿を見るといじめたくなる人がいるのだろう。しかしそんな辛いときもファンの方々に支えられ救われたという。

レジェンド流のこだわり

彼女の熱波へのこだわりはまだまだある。

自分のパフォーマンス時間は毎回計っているという。どんぶり勘定でやっていては長くなってしまうことがあるので、必ず計測して調整している。お客さんの体調管理にも独自のルールがある。肩を1回叩くと注意、2回叩くと退出を勧める。3回叩くともうそのままいてくださいの合図であるという。お客さんに無理をさせない、事故を起こさないという徹底ぶりが窺える。しかしお客さんへは、自分の限界値を知ってほしいと啓蒙している。

機材にもこだわりが当然ある。ロウリュ用のストーブがない施設でもロウリュができるスチームジェネレーター（熱岩石）を2台所有していて通常は1台で充分だが2台使いをする。（このスチームジェネレーターを彼女はスパモバと呼んでいる）サウナストーンはラジウム鉱石をセラミックストーンに混ぜて使っている。施設ごとに石を変えるという。ラドルも網をつけて微調整している。ちなみにスチームジェネレーターは1台約20万円。セラミックストーン1個1万円、ラジウム鉱石は1個2〜3万なので1台50万円のスチームジェネレーターである。それを2台所有している。他の人が真似できないシステムを構築していると自負する。正直こんなにお金がかかっているとは思わなかった。しかし売れっ子熱波師として稼いだ分をしっかりこういう形で還元しているのは立派である。

ストーブ以外にはスプラッシュと呼ばれる噴霧器。これで少しずつ霧を撒き湿度を徐々に上げる。他ではあまり見ないアイテムだ。

レジェンドゆうのアウフグース

彼女のアウフグースは1回15分ぐらいのパフォーマンス。自分は絶対に水分を飲んだりしないという。なぜならお客さんも我慢しているからだ。開始前はサウナ室前が大行列である。入場したら誰が初心者で誰が常連かチェックしている。初心者が熱い場所に座っているときは席替えをお願いする。序盤はスプラッシュで霧を撒き徐々に湿度を上げる。そしてスチームジェネレーターにアロマ水を掛けてロウリュ。過剰に熱くなくちょうどいい感じ。そして先に説明した、ピンポイント扇ぎ。一人ひとり扇ぎ方を変えていた。人の間を通るときは「アイムソーリーヒゲソーリー」の親父ギャグ。絶対にすべらない雰囲気なのが強い。手早く全員扇いでいき、お客さんが辛そうになってきたら即終了。無理をさせない安心・安全のスタイルだった。

サウナ室を出た後は水風呂や休憩で座っている人にクールスイング、そして上の階にあるスチームサウナでスチームスイング。これでトリプルアウフグースが完成する。全部で30分ほどの風。場所によって扇ぎ方を変えているという。よくこんなに集中してできるものだと感心した。全く疲れているようではなかった。これを御徒町プレジデントでは2時間に1回のペースで合計4回やる。かなりの重労働だ。しかし他の施設だと1時間インターバルでもやっているという。御徒町プレジデントで2時間インターバルなのはスチームジェネレーターの加熱に時間がかかるからである。本当に驚きでしかない。

安心・安全を提供するのが熱波師の仕事

彼女は「安心・安全」を繰り返しいう。

パフォーマンスの際は長袖の服を着ている。自分の汗を飛ばさないためである。ズボンは流れる汗を見せないためだという。そんなところ見るのかと思ったが、サウナ室で熱くなってくると視線が自然と下がってくるからだという。

足袋を履いている。彼女は裸足でやるのはあり得ないという。万が一何かあったら救護するために。足が滑ったらできないでしょうと、ここは多少口調を強めていっていた。そしてさらに地震、停電全て想定していて保険にも入っているという。ライト付きのバンドをしている。施設にはもっと安心・安全に投資をしてほしいとお願いしているという。

本当にどこまでもプロ意識が高い。

自分に厳しく後進にも厳しい

自分には課題があり、さらに熱耐性を求めたいのだという。もう少しあればと思うことはあり体力ももう少しほしい。上を向いて、もっと上を目指していきたいと自分を鼓舞するように話していた。彼女の目指す高みがどこまで高いのか、僕には想像がつかなかった。

熱波師になりたい人へアドバイスしたいことがあるという。最近は動画で扇ぎ方を学ぶ人が多いがそれだけでは安心・安全は理解できない。講習会とか弟子入りなどして学ぶのを勧めたい。人の命を預かっているということを強く意識して救護の知識をつけてほしい。責任を持ってできないならやめた方がいい。

最近は熱波師体験会をやっているという。初心者達には裏方の仕事もさせる。石などの機材運びの大変さを学ばせて華やかではない部分も教えているという。

本気の人が上がってきてほしい。他の人に思いやりを持ってほしい。

熱波師は温浴施設のコンサル・アドバイザーになっていくのではと考えている。なぜならお客さんを一番よく見ているから。

取材が終わりサウナ上がりの僕はレストランの椅子に座り広東麺をオーダーした。そうしたらアウフグース終わったばかりのレジェンドゆう氏がレストランの手伝いをしていた。そしてお客さん一人ひとりと世間話をしていた。

働き者にもほどがあると思った。

第 3 章

渡辺純一

秋山温泉支配人

日本へアウフグースを持ち込んだ男

山梨県上野原市にある秋山温泉。温泉の湯治療法にアウフグースを取り入れた温泉療養施設である。その支配人を務めているのが渡辺純一氏である。度々のテレビ出演やSNSで派手なタオル回しをしている動画が出回り、見たことがある人も多いだろう。日本でいち早くアウフグースを始めた人物の一人であるという。多くの熱波師が一目置く存在である。

そんな尊敬を集める彼の物腰はとても柔らかい。じっくり丁寧に取材へ応じてくれた。

アウフグース歴23年の現役熱波師

渡辺純一氏がアウフグースに出会ったのは1998年にオープンした兵庫県三田市の温泉療法施設である。それまでスポーツインストラクターをしていた彼はオープンからこの施設に所属した。この施設は2年前の1996年にオープンした秋山温泉の姉妹施設であり、温泉療法の一つとしてアウフグースをすでに行っていた。日本で最初にアウフグースが行われたのは札幌テルメという施設であるらしい。秋山温泉は札幌テルメを視察しノウハウを学んでアウフグースを始めたという。当時はアウフグースやロウリュという言葉はほぼ知られていなかった。これらの施設で行われたアウフグースはドイツ式健康増進入浴プログラムの一つであり、エンターテイメント的なものではなかった。タオルの振り方もいまのような派手なものではないという。

その後に日本ではロウリュという名称で熱波のサービスが広がっていくが、それとは一線を画した独自のアウフグーススタイルを貫いている。2010年代半ばまではロウリュもアウフグースもあまり普及しなかったことを考えると、あまり目立たずにひっそりと地元民向けに続けられてきたのであろう。僕は00年代半ばからサウナのヘビーユーザーになったのだが一度も温泉療法のアウフグースというのは聞いたことがなかった。

渡辺純一氏のスタイル

いまでもあくまで健康増進プログラムの一つとしてやっているという。少人数で一人ずつ丁寧に風を送る。静かにマイルドにすることを心がけている。人によって風の送り方は変える。マッサージの施術が一人ひとり違うものになるのと同じだという。一対一をひたすら繰り返す。健康増進プログラムなので静かに行う。コロナ禍以降は一言も喋らずにやっている。誰よりもお客さんのためである要素が強い。パフォーマンスというより施術に近いかもしれない。彼がテレビなどのメディアで見せるパフォーマンスとは違う。熱波師が目立つものではなく淡々と行われるものだ。

彼のアウフグースにはもう一つのスタイルがある。ドイツのショーアウフグースのパフォーマンスを取り入れたスタイルだ。テレビやメディアで取り上げられるのがこれである。アウフグースの本格的なスタイルで両手の2枚使いも軽くこなし、非常にインパクトがあるスタイルだ。安定感抜群で見てすぐ圧倒的な技術だとわかる。これは海外のアウフグース動画からタオルを回す技術を独学で学んだという。2015年頃からやり始めた。僕は初めて見たとき、アウフグースではなくジャグリングかと思った。数年前に観たシルク・ド・ソレイユを思い出した。サウナ室の外でも芸として成立してしまう圧倒的な技術力。血の滲むような努力があったのだろうが、それについて彼はあまり触れようとしなかった。元々スポーツインストラクターなので継続的な練習に対する感覚が一般の人と少し違うのかもしれない。

あと特筆すべきなのが彼の熱波師としての自己顕示欲のなさである。派手なパフォーマンスをするが全く目立ちたいという感じがしない。どちらかというと後進の者達にもっと前に出なさいと背中を押しているように思える。

熱波甲子園で、アウフグース利用者がV字回復

秋山温泉は2015年に熱波師の大会である熱波甲子園に初出場する。この大会のために海外のアウフグース動画を研究しタオルを回す技術を習得した。そして従業員達にも指導し非常にハイレベルな技術のチームとなった。そのかいあって熱波甲子園で優勝した。

それまでの熱波甲子園は技術というよりはノリの良さで盛り上げるチームが多かった。そこに秋山温泉という本格的な技術のチームが登場したことにより技術重視の熱波師が増えていったという。

僕が審査員を初めてしたのがその2年後なのだが、その時も圧倒的なパフォーマンスで優勝して3連覇。秋山温泉はチーム全体が強かった。スタッフ全員が安定感ある技術を習得していた。アウフギーサーのプロトタイプ化に成功していたのである。

熱波甲子園での活躍は広く知れ渡り、秋山温泉は大きく知名度を上げる。地元民向けの施設だったものの、他の地域から訪れるお客さんが増えた。それまで減少傾向にあったアウフグース利用者がV字回復したという。動画を見て高い技術力を身につけたいと

思ったのは熱波甲子園でアピールするためであった。それに必要な準備をしっかり行い、施設のアピールという目標を見事に達成した。実に戦略的である。近年ここまで戦略的に熱波甲子園という大会を利用したチームは他にないので、秋山温泉を参考にするチームが出てきてほしい。

ドイツサウナ協会のアウフグース講習

彼はアウフグース歴20年ほどにして初めて、東京で開催された本場ドイツサウナ協会のアウフグース講習を受けた。彼はドイツのアウフグース動画で独自に技を磨いた。独学でも本場ドイツのアウフギーサーに認められるのだろうかと不安があっただろう。だがそれは杞憂であった。講習を受けているうちに気づいたのだという、自分のやってきたことは正解であったと。ドイツ式温泉療法の入浴プログラムでアウフグースをしてきた20年間の努力が報われた。

講師からも技を認められたという。動画で学んでも正しい技を身につけることができるというのはいいことだ。なかなかアウフグースを学べない環境でも技術だけは身につけられる。動画で学べることをやった上で現場に出て行くというやり方もこれから増えるだろう。ただ間違えないでほしいのだが、動画で学べるのはあくまで技術だけであり、熱波師として必要な知識は他にもたくさんあるということを付け加えておく。

熱波の主役はお客様

「熱波の主役はお客様」だと言い切る。アウフグースは健康増進のためのツールという考え方だ。気持ち良さよりも健康。この基本法則が変わることはないという。彼にとってお客さんの健康こそが目的であり、気持ち良さは全く目指していないという。

ほとんどの熱波師は自分が主役だ。他には風が主役という熱波師もいた。今回色々な熱波師から話を聞いたが、お客さんが主役という考えだったのは彼だけだ。

健康増進プログラムなのでお客さんにはリラックスしてアウフグースを受けてほしいという。静かに受けて、無理はしない。それがサウナを継続して利用するコツであり、そうなっていってほしいという。

彼の考えはサウナの「役に立つ部分」を最大限引き出しそれを利用者のためになるようにする。ブームで享楽的な一時的快感を求めるサウナやそういう利用者が増えたが、それとは一線を画す考え方だ。気持ちいいが正義。そんな価値観に縛られているサウナファンが多いように思われる。サウナの目的は快感だけではない。リハビリで治療的に温める目的の人もいるし、疲労回復や安眠のためという人もいる。僕が聞いたことがある変わったサウナの目的は、フォーミュラカーのドライバーが熱い場所に慣れるためのトレーニングだ。フォーミュラカーの車内はとても熱いらしく熱耐性を身につける必要があるというのだ。サウナには人それぞれ色々な目的がある。サウナファンはそれを知っておくべきだ。

熱波をするときのルーティン

まず仕事前の朝にはサウナに入る。ここでメールチェックをしたり、1日の流れを考えるという。朝サウナに入ることで心身共にスイッチオンするイメージなのだろう。秋山温泉のサウナはあまり高温ではない。ゆっくりリラックスして徐々に体を起動させていく。朝サウナに入るのは僕もしている。慌ただしい朝に落ち着いてサウナに入ると昼間の集中力が増す。一日一回しかサウナに入れないなら僕は朝を選ぶ。

アウフグース開始10分前にサウナ室の確認をするという。ここではサウナ室の温度は適切か、マットは大丈夫かチェックする。そしてサウナ室の温度設定を5度上げる。これでサウナストーブが温度を上昇させるためオンの状態になる。5分前になったらサウナ室の換気をする。そして自身の水分補給。安全のために、この全ての確認を怠らないようにしているという。

他の熱波師に比べてシンプルかつ準備時間も短い。長年の経験で無駄がなくなっていったのだろう。これはプロの仕事である。

サウナ自体は好きでよく入るのだが高温サウナは苦手だという。しかし70度程度の中温のサウナへの熱耐性はあり、かなり長い時間でも入っていられるという。長年同じ環境でアウフグースをやってきて体がそれにアジャストされたからだろうか。不思議である。

指導者として多くの熱波師を育て上げた

彼が指導者として育てた熱波師は秋山温泉のスタッフだけではない。熱波甲子園での優勝で名を上げた彼は、多くの熱波師から学ばせてほしいと頼まれ指導した。現在の有名熱波師の多くも彼からの指導を受けている。熱波甲子園ではライバルになるスタッフ以外にも指導していたのは立派だ。そういうところが多くの熱波師から尊敬されている所以だろう。

彼はそれ以外にも指導者をしている。日本サウナ熱波アウフグース協会が実施している熱波師検定である。彼は技術部長という肩書きで講師を務めている。熱波師検定は等級があり現在はC~Sの5段階の検定がある。初級のコースはリモートでも受講が可能であるという。

この検定を機に熱波師になった者も多い。すでに報酬が貰えるレベルの者もいる。技術だけではなく座学もあり、熱波師に必要な安全や心構えのような知識も学べるという。日本で熱波師を目指す人はこの検定を受けて損はないだろう。

そんな指導者として実績のある彼に、熱波師を目指す人にアドバイスしたいことを訊いた。

まず最初に、彼は「自分の安全の確保をしなさい」と指導するという。自分の限界を知らないうちは頑張りすぎてしまう。自分を知って無理をしないことが大切だという。そして本当にサウナが好きなのか。大好きな気持ちを持って取り組んでほしいという。熱波師はかっこいいけど大変なことも多くあるのを知らなくてはいけない。軽い気持ちだとお客さんと自分の安全は守れない、とここは少し強い口調で話していた。

熱波師を目指すなら温浴施設で直接雇用の形態で始めるのをお勧めしたいという。やはり温浴の基本知識はあったほうがいいだろう。秋山温泉は実際にサウナ室で行うアウフグースの他に、アウフグースの扇ぎの練習時間がある。身近にサウナがあり練習時間も練習仲間も指導者もいる環境ならば上達も早い。そういう環境で実力を上げフリーになっていくのが近道なのだろう。

柔和な人間性が和を生み出す

彼はとても物腰が柔らかい。秋山温泉の支配人としてスタッフから篤い人望を集めているように見える。誰とでも分け隔てなく同じ物腰の柔らかさで丁寧にやりとりする。そして温浴施設の支配人として相当優秀な方であり長年勤めている。支配人として一個人として求心力があるのを感じる。スタッフ、熱波師、お客さん、様々な人が彼の求心力に引かれて集まっている。

自分ができることは出し惜しみせず誰にでも教える。自分は目立たないようにして周囲を持ち上げる。理想的なリーダーであり指導者であると思う。いま活躍している若い熱波師達がもしベテランになったときは、彼のような指導者になってほしい。そうすれば優秀な熱波師が多く育っていくだろう。

熱波師として色々と話を伺ったが実に謙虚な方だ。自分はもう若い人に敵わないよと少々戯《おど》けながら話していた。

生活の中にもっとアウフグースが溶け込んでほしいという。継続してサウナを利用し少しでも多くの人が健康になってほしいというのが彼の願いだ。リタイヤしたら秋山温泉のような施設の近くに住んで毎日温泉に浸かり、アウフグースを受けるのも悪くないなと思った。

第 4 章

宇田蒸気

会社員が熱波師をするわけ

宇田蒸気氏とは8年ぐらい前にSNSで知りあった。その頃はサウナ好きを自称する人はほとんどいなくて、サウナ好きは皆フォローしあうそんな時代だった。いまと違ってユーザー同士の対立もなく平和で気軽にコミュニケーションしていた。彼とは情報交換をしているうちに自然と直接会うようになり、一緒にイベントに参加したり、サウナのトークショーを企画して一緒に行ったりした。いまのブームから見れば黎明期からのサウナ仲間である。彼とサウナの話になったらついついマニアックでニッチな話題になって盛り上がってしまう。いまはコロナ禍でお休みしているが僕は月1回バーでバーテンダーをしているのだが、そこのDJブースで選曲をしてもらったこともある。そんな旧知の仲である彼に話を聞いた。

超が付くほどのサウナヘビーユーザー

彼にとってサウナは嗜好品だという。酒やタバコそういうものと同じ。自分はそういうのをやらずサウナだけ。とにかくサウナに関することは全て好き。そう言い切る。予定がなかったら迷わずサウナに行く。それかご飯ぐらいしか思い浮かばない。

彼は毎日サウナに通っている。それが1日に2回や3回のときもある。それぐらいのヘビーユーザーだ。僕自身も以前は毎日朝晩の2回サウナに入っていたがコロナ禍もあり毎日入るのはやめてしまった。彼もコロナ禍の影響で自粛したが4日ほどで耐えられなくなったという。「サウナイキタイ」というサウナサイトにサ活というサウナへ行った記録ができる機能があるのだが、彼がサウナに通うペースは常に週7回を超えている。それほどのサウナ溺愛者だ。

かといってサウナだけの人ではない。音楽や本も大好き。サウナにハマり少し音楽から遠ざかっていたが、アウフグース用の選曲で戻ってきた。昔の知識が生きて選曲で喜ばれることもあるという。僕がたまにバーテンダーをやってるお店でたまにDJもやっている。バーで居合わせたアコーディオン師とセッションしたこともある。

他のサウナ仲間2人と一緒に「宇多田サウナ」という3人組ユニットを結成し日本全国のサウナ巡りをしている。彼らのサウナ巡りは非常にニッチな地元民しか行かないような施設も探し出し訪れる。地方サウナ巡りは楽しく、行く度に感じるのだという。「やっぱりサウナは面白い」と。そんな地方巡りは行く施設がどんどん減ってすでに2巡目に入っているのだという。僕も自分がかなりのサウナ好きだと思っていたが、まだまだ甘かったと思わせられる稀有な方々である。

熱波師を始めたきっかけ

ルーツはサウナが好きであることだという。僕はここで不安になった。この後何を訊いても「サウナが好きだから」と返されるのではないかと。

冗談はさておき、彼のホームサウナは横浜のスカイスパである。そこでロウリュやアウフグースのサービスを受けその魅力に気づいたのだという。しかしまさか自分が熱波師をするとは思っていなかったと振り返る。

7年ほど前だろうか長野県小海町にあるフィンランドヴィレッジで行われていた夏至祭に参加したのも影響があったという。その時僕が調子に乗ってサウナ室で扇いだりしていた。「ヨモギダさんに扇いでもらったの覚えていますよ」といわれ僕は恥ずかしくなった。

熱波師をしている別な理由として、サウナ旅をブレーキするために熱波師をしているという。サウナ旅はお金がかかる。熱波師でもしていないとお金がかかりすぎてしまうのだ。サウナに行くのを抑えるためにサウナで熱波師をするのは何かがおかしいが、彼ぐらいサウナを愛しているなら納得できる。

会社員や家庭との両立

彼の本職は会社員である。故に熱波師の仕事はほぼ週末のみである。副業禁止のため報酬は受け取っていない。その代わりサウナを無料で使わせてもらったり、食事などの現物支給であるという。サウナのヘビーユーザーである彼にとってそれは現金支給とほぼ同価値の感覚で嬉しいと話す。彼はサウナ施設内でもよく本業の仕事をしている。コロナ禍以前からテレワークをしていた。サウナに打ち込める環境でありがたいという。

彼は結婚をしていて奥さんがいる。その奥さんとは干渉し合う仲ではないので上手くいっているという。本当にいい奥さんでとても恵まれていると話す。お互いに自分の時間を大切にしているからサウナのために外泊しても寛容でいてくれるという。趣味を貫き通すには環境づくり。そして運。自分はたまたま恵まれていると話す。俄《にわ》かに信じられない話だが事実である。羨ましいと思った人が多いのではないだろうか。

熱波師とはどういうものか

熱波師とは、最もサウナに近いところでサウナの良さを引き出す。おもてなしをしてお客さんにそれを提供する。サウナから受け取った熱を自分がアレンジしてお客さんに届ける。イメージとしてはサウナからお客さんへの媒介者のような役割なのだろう。サウナの入り口の案内役的役割もある。

あくまで施設の一サービスだと思っていると彼はいう。フロントの仕事も併設レストランの仕事も浴室清掃の仕事も全部一緒で、熱波師が特別の存在だと自分は思っていない。いまでも客側の視点を忘れておらず、実際の施設スタッフではないと弁《わきま》えている。

しかし、もし自分が施設スタッフだとしたら意見が変わるかもしれないという。至って謙虚に彼は取り組んでいる。

熱波師になるためにやったこと

初めはテントサウナでゲリラ的にやっていたが、五塔熱子氏に出会って熱波師を本気でやりたいと思ったという。大森熱狼氏、五塔熱子氏に相談して熱波師検定を受けたという。熱波師検定は秋山温泉で受講し渡辺純一氏から技術指導を受け、そこで基本的技術と知識を身につけた。

その後はザ・ベッド&スパ所沢で五塔熱子氏とコンビを組んでアウフグースをさせてもらう。五塔熱子氏からは、技術的にも知識的にも実践から教えてもらい参考になったという。

実践を積んでいくうちに、熱波とアウフグースの違いに気づいてきたという。熱波はトータル的なエンターテイメント、アウフグースは技術的志向が強い。やがて熱波よりアウフグースがしたいと思うようになった。そこでどうしたかというとネット動画で勉強をした。確かにアウフグースで検索すると様々な動画が出てくる。以前は海外の動画が多かったが、最近は日本の動画もかなり増えた。覚えたい技の名前を入力すればすぐに解説の動画が出てくる。動画を見て一人で練習したという。そうして熱波よりアウフグース寄りのスタイルにシフトしていく。

動画でアウフグースを学んだというのはイマドキな印象を受けるだろうが、実はベテランのプロ熱波師でも動画で学んだという人は多い。

熱波師になるために苦労したこと

アウフグースは動画を見ての独学だったので、やりたい技が思うようにできなかったことはあったという。外国人みたいな振り方を目指したがとても難しいと振り返る。そんな中、一目置いている熱波師がいるという。熊本の人気施設湯らっくすからアウフグースをするために、ザ・ベッド＆スパ所沢に移籍した増本氏である。彼は扇ぎが綺麗でそれが見た目だけではなく風の質もいいと称賛する。関東では見たことがないタイプだという。地方の施設のお客さんは見る目が厳しいという。彼はそんな地方のお客さんに揉まれた感じが出ていてギラギラしている。それを見て辛辣な意見をいってくれるお客さんぐらいの方が伸びるのかもと思ったそうだ。彼はまだ20代前半と若い。ぜひ一度彼のアウフグースを体験して話を伺ってみたいと思う。

関東では熱波師が褒められやすく、関東では実力以上に認められている節があるのではと彼はユーザー目線で分析する。有名ではないけど実力のある人は地方にたくさんいるのではという。

熱波師を続けられる理由

本業があっていいストレス解消になっているという。ここでいう本業とは会社員とサウナユーザーのハイブリッドの意味であると推測される。いつもと違うことをするのはいい気分転換になるのだろう。気持ち良さそうなお客さんを見るのが何よりの幸せだと話す。

熱波師のメリットに、アウフグースの後に入る水風呂が強烈に気持ちいいというのがあるという。熱波師は誰よりも熱い場所で着衣で立って運動している。もちろんお客さんよりも発汗量が多いだろう。通常サウナに入るときには味わえないディープな気持ち良さがあるという。

それと重要なのが体力的な自分の限界を知っていることだという。無理をしない、これは継続性に大切な要素である。

継続できている最大の理由は「サウナもロウリュも大好きだから」だという。本当に楽しくてしょうがないという。やはり彼のサウナ好きパワーは並大抵ではない。全ての理由を「サウナが好きだから」で解決できそうである。

疲労のリカバリーはサウナで

熱波師の仕事は重労働であり、当然疲労もかなりのものである。ほとんどの熱波師は疲労回復に悩まされている。

彼に熱波の疲労回復方法を訊くととんでもない答えが返ってきた。

「リカバリーはサウナ水風呂でする」である。

彼はサウナでの疲れをサウナ水風呂で癒している。冷静に考えると何かがおかしい。サウナ永久機関である。とある人に「サウナ完全体」と呼ばれているらしい。これを聞いて何かに似ているかと思ったが、少年野球で試合の後に練習して帰るのと同じだ。

熱波師の人達は皆驚くという。以外と知られていないが熱波師はサウナ好きとは限らない。むしろ嫌いという人もいるぐらいだ。

しかしこれは水風呂が無いと無理だという。なのでお客さんが岩盤浴で館内着を着てやるタイプの熱波は水風呂が無いので絶対に無理だと拒絶していた。これを読んでいる施設の皆さんは水風呂が無い場所でのオファーを彼に出さないよう気をつけてほしい。

宇田蒸気の熱波師スタイル

リラックスを突き詰めたいというのがテーマ。技はフラッグ中心で風の回数を重視しているという。あと心がけているのが優しい風であること。自分の風は受けられないので、風を感じてもらう機会を増やして、そのリアクションからより高めて行きたいと思っている。自分の風は受けられない。深い言葉である。やはり人間は自分を知るのが最も難しいのであろう。

ユーザー目線でいうとパフォーマンスよりもっと扇いでほしいと思っているので、繰り返し扇ぐという。基本はあくまで自分がほしい風を出している。

肩も弱く体力もないのでランバージャックのような強い振り方ではなく負担の少ないフラッグを繰り返している。これもユーザー目線で受けたいパフォーマンスをしているという。

サウナの一番の効果はリラックスと考えている。五感を刺激してリラックスを目指すのが目的だという。音楽は派手ではなくリラクゼーション的なものを選んでいる。熱いだけではなく完走させるパフォーマンスを心がけている。

アロマはケミトロン社のを自分で買って使っている。アロマを4種類ぐらい使うこともあり、香りの変化を楽しんでもらっているという。

服は目立たないように黒子みたいな格好。前に出すぎないように地味を心がけていると控えめだ。熱波の前は湯船に入る。水風呂と交代浴。血液を循環させるのが目的だという。

アウフギーサーは体を鍛えなくてもいいと考えているという。力はいらない。どちらかというと技術が必要なのでもっと技を磨きたいという。

タオルはほぼこだわりなし。強いていえば軽いのがいいぐらいだという。こだわりがないのでドン・キホーテで買ったりする。ドンキで充分で気持ちいいといってもらえるから問題ないという。タオルにこだわりがないのは意外だった。

お客さんにはリラックスを受け入れる体勢であってほしいと、リラックスを強調していた。

熱波師は個性

彼がいいなと思う熱波師は先ほども出た増本氏。若いのに本気だなと思うという。そして五塔熱子氏もモデルチェンジしてかっこいいと思う。

ベテランの人達はどうして続けられているのか不思議だという。皆フィジカルもメンタルも強いと舌を巻く。ベテラン達は1時間のインターバルでやっている。これは普通にやったらキツい。やってる人は体力を削らないやり方をやってるという。

個性が出るのが熱波師なので比べなくてもいいと考えているという。僕も同意見で施設も熱波師も個性だと思う。優劣はあるかもしれないが個性を楽しむべきだ。

会社員なのでやれる舞台に制限があるのが悔しいという。兼業なので売り込めないのがもどかしい。熱波師である以上やりたい施設でできるのはこの上ない幸せだ。控えめな彼にもいい舞台でやりたいという気持ちはあるという。首都圏なら舞浜ユーラシアでやりたいとのことだ。一度やったことはあるがまたやりたいと語っていた。そして全国レベルで一番やってみたいのは神戸のサウナリゾートオリエンタルとのことだ。関係者がこれを見ていたらぜひ実現してほしい。

現在やらせてもらっているザ・ベッド&スパ所沢には、縁・恩を感じているという。ザ・ベッド&スパ所沢は施設スタッフや常連の関係性が深い人間性重視の施設だ。ユーザー目線ではわからなかったが熱波師をして施設の努力は凄いとわかったという。

あとはホームサウナであるスカイスパでやってみたいという思いはあるが、会社の人にバレそうなんでやれなさそうだという。それは非常に残念である。

これからの熱波師

これから熱波師を目指す人へのアドバイスを彼に訊いてみた。「まずは小さいところからコツコツ練習すること。そして先輩から学ぶ。いい見本を見つけること。師匠がいてもいい。職業になるか手探りの業界なので良く見極めるべきで過度の期待は禁物。自分は環境に恵まれていただけ」とのことだ。実に現実的で的確なアドバイスである。いきなりスターになれるほど甘くない業界だ。

熱波師がなりたい職業ランキングに入ってほしいと思っているという。地位向上のために頑張って貢献したいと彼はいう。

近い未来、熱波師は職業になるのではと彼は予想している。

それにはより上級の認定制度の整備が必要だと考える。アウフギーサーのビジュアルイメージ、イデア像を確立するのも必要だ。

アウフグース世界のハードルは高い。世界大会にエントリーできるスタジアムが無い状況ですぐにつくれる状況ではない。

運営の問題もある。10分前とかから並ぶのはちょっと残念でゲンナリするという。リラックスしに来ているのにキツい思いをしないでほしいと彼はいう。ゲリラアウフグースでそれを緩和させる方法があるという。予約制、有料化には賛成の立場だ。

熱波師・宇田蒸気のこれから

熱波師を続けるためにしなくてはいけないのは無理をしないこと。サウナには10分以上入らず過剰な負担をかけない。かつて熱中症になったことがあるので気をつけているという。サウナに行く回数は多いが滞在時間は短くしていて普段はスカイスパ1時間コースで済ましている。

僕も以前は無理なサウナの入り方をしていたが、最近は彼と同じく継続性のある入り方をしている。サウナが特別なものではなく日常になってきた。

熱波師を辞める理由はない。おじいちゃんになってもやりたい。他の施設でおじいちゃんやおばあちゃんがやっているのを見た。団扇で扇ぐなら高齢でもやれるだろう。生涯サウナー、生涯熱波師を目指したいと彼は語る。

サウナを通じて「旅」をしてほしい

いまはサウナがブームだ。でもただ流行りに乗るのはもったいない。それなら旅をしてほしいと彼はいう。でもサウナが旅の全てではない。その場所で観光したり地元の飲食店に行ったり、サウナ以外にも楽しめることがある。ぜひ有名じゃないサウナに行ってほしいという。僕もかつていろんな地方のサウナを巡った。地方のサウナに行き、知れば知るほど身近なサウナの良さがわかった。

サウナに若いお客さんが増えた。会話する人たちは学んでほしいという。自分もテントサウナで騒いだりするのも好きなので気持ちがわかるからこそいいたい。

最近は神奈川エリアの施設の相次ぐ閉店に心を痛めている。伊勢佐木町ニュージャパン、ハイランドサウナ、平塚グリーンサウナ、相模原JNファミリー、ビジネスインニューシティー、横須賀サウナトーホー、相模健康センター。どれもいいサウナだった。

施設をやりたい夢があるという。彼のサウナ愛があればできると思うし、ぜひともそのサウナで彼のアウフグースを受けてみたい。

第5章
大森熱狼《あつろう》
完全フリーの熱波師

格闘技でもやっていそうな大きな体で坊主頭、黙っていると少し怖そうに見えるのが大森熱狼氏である。厳《いか》つい見た目だが話し始めると実に柔和な語り口でギャップを感じる。「いやあ、ヨモギダさんに見られると緊張するなあ。ヨモギダさん厳しそうだから」僕は会う度にいつも最初にこういわれる。話すのは得意ではないと自分ではいうが、話し始めると饒舌《じょうぜつ》になってくる。言葉数は決して多くないが芯の強さを感じる人物である。いままで深く話したことがなかったが、今回の取材でその人柄にとても惹かれた。コロナ禍で飲食店がやっていなかったので無理だったが、取材終了後、飲みに行こうと誘いたいぐらい楽しい人だった。

熱波師になったきっかけ

神奈川県のとあるスーパー銭湯にテナントで入っていたマッサージなどを行うリラクゼーションスペースの管理者をしていた。最初はあくまでセラピストであり温浴には全くノータッチであった。しかしその温浴施設に内紛が起きてしまい、彼はリラクゼーションスペースの管理者から温浴の店長を任せられる。その業務には熱波のサービスも含まれていた。それを機に熱波師を始めた。

最初はサウナが苦手だったという。ただ体力と忍耐力には自信があり、それで乗り切ってきた。

結局温浴の店長の期間は半年ほどだったという。しかしこの半年はフリーの熱波師になってからとても生きている。どこの温浴施設に訪れても温浴施設の現場目線で話せるようになったからである。

ちなみにこの温浴施設のリラクゼーションスペースで、後の女性熱波師・五塔熱子氏がセラピストとして在籍していた。大森氏は彼女を誘い一緒に熱波師の世界へ入っていった。

日本初フリーのプロ熱波師

以前は熱波師といえば温浴施設のスタッフが様々な業務の中で行う仕事の一つだった。その後、熱波のサービスを行う施設が増えてきて、熱波師の技術やパフォーマンスを競う大会（熱波甲子園）が行われたり、施設所属の従業員熱波師が他の施設に呼ばれる交流戦のようなものが行われ始めた。それを機に外部の熱波師を呼ぶのが定着していき、熱波師に報酬が支払われるようになった。その報酬も人気熱波師なら金額が上がってきた。

これぐらいの金額が貰えてこれぐらいの仕事があれば喰っていけるだろうとプロの熱波師になる大きな決断をする。後進のためになるかもしれないが、それは誰のためでもなく自分のためだ。彼はフリープロ熱波師になる宣言をした。

日本で最初に熱波師を職業にしたのは大森熱狼氏である。

ユニフォームにはスポンサー

日本初のプロになるという決断は周囲を驚かせた。本当に大丈夫なのか？　という声も多く聞かれた。そして実際に最初の月は4本しか仕事がなかった。これはまずいと地道に営業を続け仕事を増やしていく。自分で車を運転し遠い地方にも行くようになった。そんな姿に共感して応援してくれる人が出てきた。

スポンサーが付き始めたのだ。その頃の衣装だった柔道着にはF1のパイロットの如く企業のロゴが入れられた。それが徐々に増え、いまは6社のスポンサーがついている。飲料メーカーのPRイベントではノンアルコールビールのロゴが入ったユニフォームをつくってもらったりもした。

このスポンサーからは定期的に金銭が支払われるものではない。ユニフォームの製作など必要な経費をスポンサーがまかなってくれるというものだ。「助けてもらって大変感謝している。本当はもっとお願いできたらいいのだけど」と彼はいう。でも控えめな性格からなのか、まだ自分の力では何も言える立場ではないと話す。これは彼個人の問題ではなく、今後のプロ熱波師の課題の一つであるといえるだろう。

熱波師から支持され愛される熱波師

彼は日本初のフリープロ熱波師の割に知名度があまり高くないと思われる。専業のフリー熱波師であり全国色々な場所でかなりの頻度で熱波をしているにも関わらずだ。しかし他の熱波師や施設運営者に話を聞くと彼の名前が出てくることが非常に多かった。彼を慕う熱波師や施設運営者はかなり多い。

プロ野球に例えるとオールスターファン投票ではトップにならないが、選手間投票では必ず選ばれる。そんなタイプの熱波師なのだろう。自分を犠牲にした進塁打を打つとか守備の連係が上手いとかそんな野球選手のように「役に立つ」仕事を進んでやるタイプである。熱波師同士でコンビを組んでやるときも彼とならやりやすいという意見を数多く聞いた。技術的にも精神的にもフォローしてくれるという。全体を見て足りないところを補ってくれるというのだ。実に通から好かれるタイプのプレイヤーである。

秋山温泉での修行

技巧派の熱波師である渡辺純一氏が支配人をしている山梨県上野原市の秋山温泉。古くからアウフグースを取り入れている施設であり、渡辺氏は熱波師の指導者として非常に評価の高い人物で多くの熱波師を育てている。

大森氏は秋山温泉を訪れてそのレベルの高さに感動したという。ぜひ秋山温泉で学びたいと思い、月1回のペースで通いアウフグースを無償で行わせてもらうことになった。アウフグースをお客さんにした後は、他の熱波師達との練習。それは1時間タオルを振りっぱなしという過酷なものだったという。大変だったがそこで技術を磨き、かなり成長できたと振り返る。

その頃の秋山温泉には安寺沢茜氏という女性の熱波師がいた。その当時彼女は各地のサウナ施設で引く手数多《あまた》の人気者だった。スポーツインストラクター出身の彼女は、屈託のないキャラクターと正確なアウフグースの技術で頭抜けた存在だったと思う。実にプロっぽいパフォーマンスだった。彼女から受けた影響は大きく自分がプロになったきっかけの一つだと彼はいう。後に彼女もフリー熱波師になったものの結婚し子供が産まれ、いまは休業している。

大森熱狼の熱波スタイル

大きな体から強い風を送るイメージを持ちそうだが、実はそうではない。彼の振るタオルから出る風は優しい。扇ぎ方によって風を弱・中・強など4種類で使い分けている。僕が受けた個人的な印象では弱・中・強というより少・普・多といったものに近い。強いといってもボリューム感が増したような印象だ。優しいとはいっても物足りない風ではない。体感ではしっかり熱が感じられる。体格を生かして大きく振っているからそういう風が起きるのだろう。過剰さがないのはセラピストとして培った加減を知っているからだと推測する。

ロウリュの蒸気量は極力控えるスタイルだ。サウナ室の湿度は上げすぎないように心がけている。普段ドライタイプのサウナが好きというのもあるし、ほどほどの湿度でもしっかり熱を感じられる熱波を起こせる自信があるのだ。

ドイツサウナ協会のアウフグース講習を受講した認定アウフギーサーではあるが、ドイツマナーに則った扇ぎはほぼしない。現状、取り入れるつもりはないと話す。生粋の日本スタイル熱波を継承中といっていいだろう。

パフォーマンスとしては純粋に風を送ることが多いのだが、時として掛け声をして盛り上げ系の熱波を行う。施設やお客さんの層または組む熱波師によって臨機応変に対応している。そういう柔軟性が他の熱波師に支持される理由の一つであるだろう。

彼は時々熱波の最後にセラピストだった技術を生かして、お客さんの肩を揉んでくれるときがある。これの力加減が絶妙でとても気持ちいい。熱波とは直接関係ないがサービス精神旺盛である。

道具へのこだわり

扇ぐのに使うタオルのこだわりは全くないという。基本、施設にあるものを借りるという。僕が知る熱波師の中では最もこだわりがない。弘法筆を選ばずのスタイルである。タオルにこだわりはなくとも風は起こせているので何も問題なく、荷物が減って楽でいいという。凄い割り切り方である。

タオルのこだわりのなさとは逆に、アロマオイルに関してはこだわりがしっかりある。品質の高いものを使うということだ。香りが珍しかったり面白かったりで選ぶと低品質なものの場合がある。低品質なものはお客さんに悪影響が及ぶ可能性があるという。低品質なものとは天然成分のみでつくられていないもので、界面活性剤や人工香料が入っている。どんな悪影響かというと、肌荒れやアレルギー反応、酷いものだと発がんの原因になるという。

そういうリスクを回避するため、彼はシーアロマ社のアロマオイルのみを使っているという。お客さんの安全と健康を守る意識が高いのは流石にプロである。

Spa LaQuaでのサウンドロウリュ

サウナのドラマで音楽を担当してサウナの世界ではよく知られている作曲家のとくさしけんご氏。そんなとくさし氏は、ロウリュが世間に定着しかけていた頃に新機軸のロウリュを考えた。それが「サウンドロウリュ」である。その原形は長野県のフィンランドヴィレッジで披露され僕も体験した。その場には温浴の関係者が多くいたのだが、これは新しくて素晴らしいと大絶賛された。

それまでのロウリュ、熱波と呼ばれるものはシンプルにいうとサウナ室で蒸気を起こしてそれをタオルで振る。それだけであまりバリエーションがなかった。そんな中で登場したサウンドロウリュは業界に一石を投じるものであり大きな衝撃を起こした。

サウンドロウリュは「音を聴いてもらうロウリュ」である。それはサウナ室を暗めにして行われる。そしてお客さんは目を瞑《つぶ》ることを命じられる。何も見えないところでまず静寂が訪れる。そこでサウナストーンにアロマ水が掛けられロウリュが行われる。ジュワーという音が静寂の中に鳴り響く。そこでとくさし氏が静かな語り口調でその音の解説をしていく。目を瞑るとこんなに違うのかと衝撃を受ける。その後タオルが静かに優しく振られていく。そんなロウリュであった。

このサウンドロウリュは全国ツアーが行われた。その中で東京のスパラクーアでの回に大森氏が来ていた。共演ではない限り、熱波師が他の熱波師のパフォーマンスを受けに来ることはあまりないと思う。彼は勉強しにきていた。たまたま居合わせた僕と一緒にサウンドロウリュを受けた。

サウンドロウリュを受けた彼は「これは新しい。自分も取り入れたい」と興奮気味に話していた。そこで僕とこれからの新しいロウリュや熱波の話を色々した。これを機に彼のスタイルが変化していく。

「魅せる」から「感じてもらう」へ

現在では控えめなスタイルだが最初は見られることを意識していた。営業にスーツ姿で行ったときにそのままスーツ姿で熱波をしたらウケたので始めた「サラリーマン熱波」が最初のスタイルである。サラリーマン熱波はスーツがボロボロになったのでやめて、次のユニフォームは柔道着にした。かつて柔道をしていたからで、プロになってしばらくこのスタイルだった。その後スポンサーが増えてきてからスポーツのユニフォーム風のスタイルになり徐々に地味な見た目になっていった。

サウンドロウリュに影響を受けた「サイレントロウリュ」やサウナ室をブラックライトで照らし白いタオルで扇ぐスタイルを始めた。しかしどちらも納得いくものには仕上がらず、お客さんの反応も良くなかった。歌舞伎町の施設で行っていたのを実際に体験したが僕個人も良く思わなかった。パフォーマンスが独りよがりになっていた。実際お客さんゼロのこともあったという。正直なところ新しいことを取り入れるのは失敗に終わった。

彼は試行錯誤を繰り返し、純粋に風とアロマを送ることをメインに据えたスタイルへ変貌していく。

熱波甲子園で見せた衝撃のパフォーマンス

2017年に行われた熱波甲子園。世間でサウナが流行り始めていた頃で、テレビや雑誌などでサウナや熱波師が取り上げられることが多くなっていた。ロウリュや熱波師という言葉も世間に浸透しつつあった。そういう背景もあってなのか、この年の熱波師達は例年より明らかにギラギラしていた。いまより真剣勝負の雰囲気があった。

この年の熱波師達は気合が入った盛り上げ系の派手なパフォーマンスが多かった。盛り上げるためには手段を選ばず、意味のない笑いを取りにきたり、オーディエンスを蹴飛ばしたりタオルをぶつけたりと危険を侵すような者もいた。そういうパフォーマンスに少々嫌気がさしていた僕は、大会前に審査員としての審査基準を発表する場があったのだが、いつも「安全なパフォーマンスであること」を審査基準にしていた。

そんな雰囲気で登場した大森熱狼氏、衝撃のパフォーマンスを始めた。登場して少々の沈黙。サウナ室に静寂が訪れる。完全にその場を制している感じがした。彼は手話を交えて静かな口調で前口上を始めた。丁寧にロウリュの説明をした後「心地良い風とアロマをお楽しみください」で締めくくり、全てを手話で説明した。

その後の扇ぎも圧巻だった。風の強弱をしっかり使い分け一人ひとり丁寧に落ち着いた雰囲気で扇いだ。その場を任せられる安心感があった。派手なパフォーマンスじゃなくてこれでいいんだよと僕は思った。手話を取り入れたのは新しかったが、至って普通の普段やっているパフォーマンスをしただけであった。

終わったときにはその場の全員を味方につけていた。彼はこの大会で初優勝を飾った。

熱波の主役は何か？

熱波師には「自分が主役の人と風が主役の人がいる」と彼はいう。自分のキャラクターを生かして自分のステージでショーを繰り広げる、サウナで主役になる熱波師が多い。自分は出しゃばらずにひたすら風を起こす。自分の熱波では「風が主役」であると話す。

ただ自分がそういうスタイルなだけで、自分が主役という熱波師は否定しないという。そういうスタイルの熱波師あっての自分。それをしっかり弁えている。

そういう考えからなのか、彼はブームに乗った人気施設ではそれほど熱波師の仕事をしていない。そしてメディアにもあまり登場していない。有名ではないが、熱波のサービスをしていて必要最小限のお金が貰えるならそれでいい。そんな割り切りがあるようにも思える。

人気はないが仕事はある、その理由

コロナ禍以前は月に30本ほど熱波師の仕事があった。つまりほぼ毎日である。こんなに売れっ子熱波師とは知られていなかったように思われる。僕も知らなかった。なぜなら彼がそれをアピールしなかったからである。

このコロナ禍で一時は2ヶ月間ほどほぼ仕事がなくなったという。フリー熱波師である彼にとってそれは致命的である。それは大変でしたね、苦労されたでしょうと訊くと「コロナ禍はいい勉強になった」と前向きな言葉が帰ってきた。苦境の中でも挫けることなく努力し続けたのである。そしてこのコロナ禍が続く現在で月20本ほどまで仕事を戻した。

ユーザーからの知名度はそれほど高くないが、温浴業界関係者、施設運営者には有名で非常に顔が利《き》く。施設同士の横の繋がりが大切だと考えていて複数の施設を巻き込んだ熱波の対抗戦イベントを開催したこともある。「人気はないが仕事はある」と彼は冗談交じりで自虐的にいう。

スター選手ではないが実務型であり確実に成績を残す。絶対に仕事には穴を空けない。プロになって依頼を受けた仕事を休んだことはないという。約束を守れる誠実さと肉体的な強さ。自分のプロとしての強さは持久力でそれには自信があるという。

兎にも角にも「人柄の良さ」だろう。約束は必ず守るという信頼感。自らバイプレイヤー役を買って出て周りを引き立てる自己犠牲の精神。いつも謙虚で決して威張ったり自慢したりしない。かといって実力も折り紙付きである。人気者にならなくてもいいという欲のなさには驚かされる。

熱波師を目指す人へのアドバイス

これから熱波師を目指したい人には「パフォーマンスだけではなく知識を身につけてほしい」と話す。事故対応、お客さんの健康管理は必ずできなくてはいけない。安心・

安全であることを施設の一スタッフとして対応できるようになってほしいという。まず基本を押さえてから技術を磨くべきと考えている。

自分が主役だという考えの危険なところは他人を脇役扱いしてしまうことである。ここは自分が主役のステージであり他人は自分のお膳立てのために存在している。そんな態度では誰もついて来てくれないだろう。自分が今ここにいる理由、それを支えてくれる人の存在に感謝しなくてはいけない。

マネタイズの新たな理想像

スポンサーがさらに増えてそのスポンサー料だけで生活できるようになるのが理想だという。その分を施設からの報酬は規模によって極力抑えるか無料にする。そうすれば費用の面で熱波師を呼べなかった地方の小さな施設や街の銭湯にも行けるようになる。お客さんがもっと気軽に熱波を受けられるようになる。彼は弱い立場の人達を応援したいという考えである。サウナは有名施設だけではない。ブームでそれを見失ってしまった人達がいる。皆が遠くの有名施設だけではなく身近な施設に目を向けてほしい。

彼がスポンサー料を受け取り熱波をする。それがスポンサーの宣伝になり、お客さんは熱波を受けられる。お客さんはそのスポンサーの商品を買う。いままでなかったお金の流れである。

少しでも自分の熱波を色々な人に受けてもらいたい。そんな優しい気持ちから生まれた考えだ。心からそう思っていなかったら手話を交えた熱波など思いつきもしないだろう。彼が率いるサウナ熱波コンサルティングチーム「SNCサウナ熱波クラブ」にスポンサーの問い合わせが多く入ることを望む。日本で熱波師を初めて職業にした彼に、新たな熱波師のビジネススタイルを切り拓いてほしい。

彼は熱波の仕事が終わった後のビールが美味しいからこの仕事を続けているという。ビールがご褒美と嬉しそうに語る彼の顔を見ていたら、僕もビールを飲みたくなった。落ち着いたらぜひともサウナの話を肴に彼とお酒を酌み交わしたい。

第 6 章

五塔熱子

人気熱波師へ駆け上がれた理由とその心構え

とても元気で快活な女性である。5年ほど前だろうか熱波甲子園の会場で彼女と初めて会った。その時「ヨモギーさーん」と、とても元気に挨拶をしてくれた。人見知りな僕は気軽に声を掛けてくれて清々しい気持ちになった。とても感じがいい人だなと初対面で思ったのを覚えている。

それからサウナのイベントなどで顔を合わせることが増えていった。いつも元気で明るい女性だ。いまとなっては人気熱波師であるが最初からそうであったわけではない。どちらかというとコツコツと経験を積み重ねて実力とその名声を上げていった努力の人である。取材をして詳しい話を聞くとかなり波瀾万丈であることがわかった。

柔道、サーフィン――運動神経と体力に自信あり

彼女の元気いっぱいな雰囲気から運動が好きで得意なのは想像に容易《たやす》いだろう。実際にそうなのである。学生時代は小学生からバレーボールをやっていた。スポ根まっしぐらなチームで相当厳しくしごかれたという。その後社会人になり柔道を習い始めた。恐らくここで礼儀を身につけたのだろう。彼女は実に礼儀正しい。その場を明るく健全な

雰囲気にするオーラを持っている。柔道の精神といえば嘉納治五郎が説いた「精力善用」と「自他共栄」が根幹の精神といわれている。「精力善用」は、心身の力を最も有効に活用しそれを世のための善になるよう活用することである。「自他共栄」は、自分だけではなく他人と共に栄えるのを目指すということである。今回の取材では彼女の言葉の端々からこの考えが溢れ出ていた。

サーフィンは神奈川県出身ということもあり身近な環境であったのだろう。きっかけは大失恋を忘れたかったからという。通勤中のキヨスクになぜか並んでいた横乗り系ギャル雑誌が目に入り「そうだ、海へいこう」というノリで友人に連れて行ってもらいハマったという。

大会に出場するまでにのめり込んだ。そこでサウナに出会う。潮を落とすのと、冷えの回復、大会の反省会などにサウナはぴったりだったと振り返る。

彼女はサーフィンで波に乗るのが好きだ。海を愛し、自然を愛す。時には脅威となるそれらを受け入れ自分も海や自然に溶け込んでいく。そんな思想があるように思えた。よく周りを見ていて人への関心も強い。良い波が来たら乗ってやろうといつも鋭い眼で周囲を見渡している。その視野は実に広い。

熱波師を始めたきっかけ

とある温浴施設（現在は閉店）にテナントで入っていたリラクゼーションルームで店長兼セラピストをしていた。2012年頃である。その時のリラクゼーションルームの管理者は現・熱波師の大森熱狼氏であった。ここで運命的な出会いをして彼女の熱波師キャリア最初の波が起きる。その温浴施設に配置転換が起こり大森熱狼氏がリラクゼーションの管理者から出向という形で温浴施設の店長をすることになった。客寄せのイベントをしてほしいとお願いがあり、大森熱狼氏は熱波にも関わることとなった。そこで五塔熱子氏に一緒にやらないかと誘ったのだ。彼女はセラピストなので当然断っていい場面なのだが、サウナが好きだし興味があったのでやると即答した。これが彼女が熱波師として乗った最初の波である。

サウナ好きなので熱耐性があり最初から特に苦ではなかったという。大森熱狼氏と共に体力には自信があったので無茶をして体力限界まで頑張っていたと振り返る。その頃はロウリュや熱波に関する情報は少なく色々なスタイルを模索したという。

感情を前面に出すパフォーマンスから流麗なスタイルへ

彼女の熱波師スタイルは実に切れ味が良い。スピーディーで流れるような一つひとつの所作。小気味良く振られるタオルは斬ると表現したくなる。客を巻き込んだ元気な掛け声。非常にテンションが高く引き込まれるものがある。お祭りの山車の掛け声に近い。実際に体験すると僕のように普段クールを気取っている捻くれ者でもついつい一緒に声を出してしまう。心に届く熱波とでもいうべきか、非常にスカッとした気持ちになる。

「お客さんといい空間を共有できるのが熱波師の魅力」だという。そのパフォーマンスにはかなりのこだわりがある。まず10分程度でコンパクトに終わらせるということだ。熱波のパフォーマンスは近年、時間が長くなる傾向にある。前口上だけで10分ぐらいする者もいる。トータルで20分や30分というのも耳にしたことがある。それぞれの考え方があるからその是非はここで問わない。長いパフォーマンスは客を我慢させる傾向にあり、短いパフォーマンスを望む人が数多くいるのは事実だ。「お客さんには我慢させない。癒しで終われるように」これが私のポリシーだと彼女は強調していう。熱耐性のあるサウナ愛好家の常連達に合わせないことも心がけている。上級のサウナ愛好者ともなると、より熱いサウナより冷たい水風呂とエクストリームを求める傾向にある。そういう人達から「熱さが足りない」といわれても変えるつもりはないのだという。そこにまだサウナや熱波に慣れていない初心者がいるかもしれないからだ。あくまでその空間の最大公約数を上限としたスタイルである。安易に弱者を切り捨てない。これは「自他共栄」の精神が根底にあるからではないか。一応、補足しておくが熱さが足りない人には最後に熱くする対応をとることもあるそうだ。

コロナ禍を経てそのスタイルは変化した。前述のスタイルは見せ方の一つにすぎないという。

アウフグースの見せ方をかなり研究して180度世界観を変えた。熱のつくり方、香りの組み合わせ、そして一つの大きな空気の流れを、タオルの技を織り交ぜながらつくり出している。それはまるで舞を見ているようであり、感動して涙を流すお客さんが多いという。

扇ぐのに使うタオルは10種類ほどの中から、サウナ室やイベントの内容によって変える。ランバージャックはこれ、フラッグはこれと扇ぎ方で使い分ける。タオルの端が縫ってあるクローズ、縫っていないオープンも用途によって使い分ける。このあたりは実に論理的だ。

彼女のこだわりは他にもある。ロウリュはアロマ水を掛ける量を控えることだ。アロマ水を多く掛けるほど発生する水蒸気の量が増え体感温度が高くなり熱く感じる。これには大きく二つの理由がある。

一つ目の理由は過剰に熱くしないということだ。あくまで全員が楽しめる最大公約数を目指すのだから適量を心がけている。

二つ目の理由はサウナストーブに負担をかけないということだ。サウナストーブへ一度に大量の水を掛けるとエレメント部分に大きな負担がかかる。実際、頻繁にロウリュを行っているサウナストーブは故障しやすく、こまめなメンテナンスが必要だ。サウナストーブは高価であり、メンテナンスにも費用がかかる。施設が投資して導入されているサウナストーブを大切にして、施設の経済的負担を少しでも減らしたい。施設の投資あっての自分、それをよく弁えている。そういう視点こそがフリーとして引く手数多の人気熱波師である所以であろう。

熱波甲子園への出場とおふろの国への移籍

熱波に関する情報の少なさに悩んでいた大森熱狼氏と五塔熱子氏は熱波甲子園という熱波師の大会の存在を知り出場する。この大会で他の施設の熱波師や温浴業界の関係者との交流が始まり、そこで持ち前のコミュニケーション能力を発揮する。五塔熱子氏は誰とでも分け隔てなく接し温浴業界でも人気者になっていく。

その後、セラピストをつとめ熱波師を始めた神奈川の温浴施設は閉店した。そこで横浜鶴見にあるおふろの国の林店長が熱望し五塔熱子氏がおふろの国リラクゼーションスペースの店長として招かれる。これは彼女の熱波師人生で転換期でもありこの大きな波に躊躇することなく乗ってしまう。

おふろの国はやや癖が強い。彼女はそれをフロクニイズムと呼んでいる。ノリじゃなく、精神というか考え方なんだと思うと話す。井上さんから厳しく叩き込まれることは一切なかったという。ただ場を提供されるだけであった。「もっと本気出せ。目が死んでる。ごっちゃん（五塔熱子氏のこと）はそれでいいのか」とサウナ室の中で、熱波で疲労感満載の極限状態で問われたという。そういった一瞬の場みたいなものを繰り返し与えてくれて、そのうちに自分を良く見せたいとか、わかってほしいとか、そういう自分を着飾るものをどんどん剝ぎ取られて自分自身になったときに出てくるコアのようなもの。限界を超えた先の景色が見えると本当の自分の気持ちに会える。この場に懸ける思いとか。ボロボロになってたどり着いたラスボス面のイメージ。もう自分を奮い立たせるものは気持ちしかない。精神的にも身体的にも自分の限界値を知るきっかけになった気がするという。

林店長は無茶振りも多かったけど、本当に色々と背中を押してもらったと振り返る。口癖は「やればいいじゃん、やっちゃいなよ」。本当に鍛えられたと話す。

ここでの苦労が後に生きているという。

ドイツに赴きアウフグースを学ぶ

サウナとは全く関係のない研修旅行で観光に組まれていた数日間の日程を全てサウナへ行き本場のアウフグースを学んだ。同行者達は城の見学やショッピングなどをしていて五塔熱子氏の行動を奇異な目で見ていたと振り返る。

ドイツではランバージャック、フラッグなどのタオルの振り方、気流の起こし方など色々と学ぶことがあったという。そして攪拌の感覚には一番の感銘を受けた。これが真髄だと悟ったという。そして女性のアウフギーサー（熱波師）の多さに驚いたと話す。後々日本でも多くの熱波師が全国で活躍する未来を夢見たという。

このドイツ遠征をきっかけに彼女の熱波スタイルは変貌を遂げていく。そして彼女のアウフグースへの想いはより深いものとなった。

自然体から生まれた「粋」な純和風スタイル

まるでお祭りのようであると前述した。自ら声を出し周囲を巻き込み盛り上げていく。これは日本各地で自然発生したお祭りと似ているのである。彼女が思うがままに自分のスタイルを確立し、そこから海外などの新しい手法を取り入れアップデートしていく。これを少しずつ繰り返しいまのスタイルに至る。これは様々な日本文化がつくられてきた過程そのものである。

風を止めない。動きを止めない。それを心がけているという。まるで舞のようであるともよく表現される。いくらドイツ流のアウフグースを取り入れてもそのベースの動きは日本的であると僕は感じる。

『「いき」の構造』で粋について解説した九鬼周造は粋を「媚態」「意気地」「諦め」の三要素だとした。

「媚態」は色気である。彼女に色気があるかというと本人は否定している。女では売っていませんよと強くいう。どちらかというと色気だとか性別だとかそういうものを排除したい考えなのは理解できる。しかし色気というものは自ら意識して出したものだけではない。彼女のような反抗することにより出る色気もあるのだ。彼女に関しては色気というより華があるというのが正しいのかもしれないが、健康的な艶っぽさがある。

彼女の熱波のパフォーマンスでお客さんがゼロだったことが一度だけあるという。そこで彼女はどうしたかというと、誰もいないサウナ室でお客さんがいるときと同じパフォーマンスをしたのだという。その行動には彼女の性格が出ていると感じた。まさに「意気地（意地）」である。何度も悔しい思いをして歯を食いしばってきたのが感じられる。

「諦め」とは潔さとでも換言できようか、欲張らない態度である。これはいうまでもないだろう。彼女のパフォーマンスは潔くスパッと終わる。

「粋」にしてやろうなんて全く考えていないだろう。しかし「媚態」「意気地」「諦め」がしっかり揃った「粋」なのである。

余談だがロウリュに特化したタワー型サウナストーブは「ｉｋｉ（イキ）サウナ」という商品名である。ｉｋｉとはフィンランド語で永久や永遠を意味する言葉だという。なかなか粋な意味である。

自分の型はない

意外なのだが彼女のパフォーマンスには明確な型がないという。「いつもぶっつけ本番です」としっかり言い切っていた。その場のお客さんや場の雰囲気で臨機応変に変えるスタイルなのである。それは計算高いものではなく実にシンプルだ。与えられたその場所でベストを尽くす。それだけである。

彼女のパフォーマンススタイルはとても魅力的なのだが唯一弱点があるとわかった。自らを奮い立たせぶっつけ本番でお客さんを盛り上げていくスタイルには確実性がない。ぴったりアジャストすればとんでもない大ホームランになるが不発なこともたまにはあるだろう。相性的な意味でお客さんに依存する部分もあるのでどんなに完璧なパフォーマンスでも盛り上がらないことがあり得る。僕はそんな不発だった場面を一度だけ見たことがある。彼女ほどの実力だと確実性は上がっているのだろうが、いつも大ホームランを打てるわけではない。メジャーリーグの大谷翔平選手でさえホームランが打てない日もある。不確実だが特大ホームランを打てる可能性がある。そこはとても魅力的であり長所でもある。こういう熱波師が一人は存在していいはずだ。

お客さんに求めること

お客さんにはまず「好きに過ごしてリラックスしてほしい」と話す。もちろんマナー違反などは良くないがそれほどお客さんには求めていないようである。ルールで雁字搦《がんじがら》めなのはリラックスできない。リラックスできる環境づくりに重点を置いている。

しかし一つだけお願いしたいことがあるという。それは「熱波を受けるときに手を上げないでほしい」のだという。個人的にとても意外だった。実際の現場で両手を上げている人をかなり見かける。両手を上げて熱波を受ける人がデザインされた人気のTシャツもある。僕個人はしないが定番のアクションだと思っていた。手を上げる人が増えたのはサウナがテーマのドラマで両手を斜め前に上げて受けるシーンがあったためだという。しかもこの斜め前というのが曲者で振ったタオルがぶつかったり引っかかったりするのだという。

彼女の熱波を受けるときはぜひとも腕を上げずに受けてあげてほしい。

突然の引退から捲土重来を果たすまで

彼女はセラピストと熱波師をしながら大学に通っていた。二足の草鞋ならぬ三足の草鞋である。肉体的にも精神的にも時間的にも無茶をしていた。相当大変だったであろうが持ち前の体力と気力で乗り切ったという。大変な荒波であったであろう。ちなみに大学はサウナとは全く関係のない学部である。そして大学を卒業し国家試験を受ける。この国家試験に合格し就職すると熱波師は引退ということになる。彼女は後ろ髪を引かれる思いで熱波師の引退を表明しその世界から一度退いた。サウナファンや温浴関係者に衝撃が走った。

しかし彼女にはまだ迷いがあった。それでも試験に臨んだ。合格してから考えればいいと思ったからである。国家試験が始まった。順調に問題を解いていくが「やはり好きなことはやめられない」という思いが頭を駆け巡った。彼女は試験の途中で賭けに出る。残り三分の一まで解いたところで残りの答えを全て「3」と記し試験を終えた。またどうなるのかわからない波に乗ってしまったのである。

それから少しの期間をおいて、彼女は熱波師として復帰する。もう降りられない大きな波に乗ってしまった。

なぜ鳥取に？

首都圏を中心にサウナブームが起きていた。ドラマやテレビ番組で取り上げられたサウナ施設は大人気となった。行列ができたり入館規制がされるほどだ。コロナ禍ながらも一部のサウナは大繁盛していた。熱波師の仕事も一時はほぼなくなったが徐々に増えていった。さて地方はどうだろう。北海道、東海、九州エリアは独自のサウナ文化が根付いており、活動している熱波師が数多くいる。では熱波師が少ない地域はどこだろう。東北、中国、四国。このエリアは熱波師が極端に少ない。熱波サービスを取りやめにする施設が出てくるほどだ。彼女は漠然と熱波やアウフグースが盛んではないエリアに行き盛り上げたいと考えていた。

彼女はコロナ禍の2020年に結婚をした。結婚式の準備をしている最中にあるものを見つけてしまう。総務省が募集する地域おこし協力隊である。

「地域おこし協力隊とは、都市住民など地域外の人材を地域社会の新たな担い手として受け入れ、人口減少や高齢化等の進行が著しい地方において、地域外の人材を積極的に誘致し、その定住・定着を図ることで、地域力の維持・強化を図るものです」（総務省ホームページより）

どこの地域にしようか迷ったが鳥取県を選んだ。夫の父が鳥取出身であること。そして鳥取県琴浦町にある大山隠岐公園内、一向平キャンプ場に新しくできた「Nature Sauna（ネイチャーサウナ）」があるからである。このサウナは2020年10月にオープンした。サウナ専門サイトのサウナタイムがプロデュースしたフィンランドのサウナ文化と日本のサウナ文化を融合させたスタイルの本格的なサウナである。

この地域おこし協力隊、詳しく調べると申し込みには1000文字のレポートの提出が必要である。しかもその提出期限までもう数日間しかなかった。新婚でいきなり鳥取に移住できるのか悩んだという。新婚、結婚式の準備中、コロナ禍、期限間近と完全に強い逆風が吹いている状況である。どう考えても無理なのだが彼女はまたしてもこの波に乗ってしまう。駄目だったら仕方ないと挑戦した。結婚式の準備で大変な中、レポートを書き上げた。

そんな熱意が伝わったのか最終選考に残る。そこから実際に選ばれるのは難しいかと思われたが、彼女は鳥取県の地域おこし協力隊に選ばれた。本人曰く「ミラクルが重なって起きた」と振り返る。

Nature Sauna へ所属し鳥取県琴浦町へ移住する。夫の理解もあり単身赴任で鳥取での生活はスタートした。

首都圏でのファン達に未練がないわけではない。しかし彼女はこう強く言い放った「関東（首都圏）は私がいなくても大丈夫」と。

鳥取に来た目的

鳥取に移住してしたいことは「中四国、北陸エリアの熱波を盛り上げたい」のだという。鳥取県の地域おこし協力隊なのだから鳥取だけを盛り上げるのが通常の考え方である。しかしもっと広いエリアで活動したいというのは「自他共栄」の精神からであろう。ブームから取り残されている地域の人を見ると居ても立っても居られないのだろう。

北陸に関しては「北陸アウフグースチーム」なる団体が結成されていて応援しているのだという。北陸アウフグースチームは、金城温泉を中心として常連のお客様が主として集まったメンバーでアウフグースを練習し、室内の攪拌や風の質にこだわり、パフォーマンスを行う集団だ。北陸の温浴施設のイベントを横断的に行えるようになるのが最終目標である。

5月に北陸ツアーを行ったがメンバーの成長が素晴らしく、期待できるとのことだった。北陸は彼らにできるだけ任せて、中四国に力を注ぐつもりだという。彼女は首都圏にいたときから地方からオファーされて遠征することが多かった。単発で地方遠征された回数だと国内トップクラスであるのは間違いない。故に地方遠征のノウハウがある。それなりに実績を重ね知名度が上がっていて地方を訪れたときの対応には自信がある。地方を訪れるのは施設にとっても自分にとってもレガシーになるので積極的に行いたいと熱く語ってくれた。

アウフグースプロフェッショナルチームに所属

箸休めサトシ氏を中心とする五人組のチームに所属している。このアウフグースプロフェッショナルチームには日本から世界大会を目指したいという野望がある。日本から予選に参加するにはインフラの整備などまだいくつかの障害があるが乗り越えなくてはいけない。大会参加に必要なサウナをつくるのは容易ではないであろう。彼女は鳥取で大きな波が来るのを虎視眈々《こしたんたん》と狙っているのかもしれない。

サウナの外でも風を起こしている

彼女は弟子は取らないのだという。なぜならば「私のパフォーマンスは私にしかできないから」だと話す。確かに彼女と同じプロセスを歩むことはほぼ不可能であろう。その時にしか乗れない波に数多く乗ってきた。それによって現在の立ち位置にいるのだ。「あなたには、あなたにしかできないパフォーマンスがある。自分でどういう風や香りがいいか想像してみるのがいい。熱をデザインしてほしい」と熱波師を目指したい人へのアドバイスを語っていた。確かに彼女のパフォーマンスにはそれまで積み重ねてきた生き様があってのものだ。自分が積み重ねてきたことを生かし自分のスタイルを確立するのが大切だと考えているのだ。

弟子は取らないが熱波師が増えることを望んでいる。特に女性の熱波師である。「もし私が熱波をしているときに倒れても、お客さんの誰かが続けてくれるぐらいに普及してほしい」と話す。半分冗談のようだがそれぐらい熱波師が増えたらブームに乗り切れていないといわれる女性のサウナシーンも変わってくるだろう。

今後の熱波師はどうなっていくかを尋ねたら

「女性サウナを熱波だけではなく総合的に盛り上げたい」「多くの人にサウナを知ってもらって皆でリラックスしたい」。こう語る。彼女に影響を受けたり憧れたりして熱波師を志す者も多い。彼女は自分をとことん追い込んで能力を発揮するやり方だ。「死にそうだと力が発揮できる」冗談みたいな言葉だが本気でそう話す。今どきこんな根性論は流行らないかもしれないが、自分の理想を着実に実行し成功に結びつけている。本気になった人の行動力はこんなに凄いんだと感じさせられた。

五塔熱子という熱波師は全国を波に乗って飛び回り、サウナの外でも風を起こし人の心を動かしているのだ。

第 7 章

サウナそのもの井上勝正

熱波道の精神とは

熱波師井上勝正氏が「ネーネーネー」といえばお客さんが「パーパーパー」と返す。そんな掛け声で熱波をスタートする。扇ぐときの掛け声は「パネッパ！」終わった後にお客さんは「パネスゲー」と返す。

いまから7年前の2014年ぐらいだろうか、熱波師井上勝正氏の存在を知った。インターネットの記事が目に留まったと記憶している。その頃、彼はサウナ皇帝と名乗っていた。動画を見たら「ネーネーネーパーパーパー」である。失礼なのを承知でいうが正直ふざけているのかと思った。ああ、これは好きじゃないなと食わず嫌いをして僕は見て見ない振りをしていた。

熱波師井上勝正氏との邂逅

井上勝正氏が所属する横浜鶴見ファンタジーサウナ&スパおふろの国は3軒の温浴施設が近距離に並ぶ日本一の激戦区に存在するスーパー銭湯である。しかもその真ん中で2軒の温浴施設に挟まれている。その頃、実はそのライバル店に僕はよく通っていた。そんな中、僕に熱波甲子園という熱波師の大会の審査員をしないかという依頼が来た。

おふろの国の林店長からである。その頃の僕は熱波師というものが嫌いだった。ひたすら静かにサウナに入りたいと思っていた。それを察してくれて「アンチ熱波」の審査員ということにしましょうと提案してもらい、その審査員の依頼を受けた。まだ行ったこともないのに審査員をするのも気が引けるなと思い、川崎駅から出ていた送迎バスで隣のライバル店へ行った後におふろの国を訪れた。まずは挨拶などせずサウナに入った。高温のドライサウナはかなり好みだった。水風呂は大きくて深いし、露天スペースはリクライニングチェアが並びリラックスできる空間だ。浴室内の清潔感もしっかりしていた。イロモノの施設だと思ったのに何か違うなと思った。そうしたら井上勝正氏が浴室の洗い場にやって来た。何か始まるのかなと見ていたら、洗い場の清掃をしていた。なぜサウナ皇帝が掃除をしているのだ、自分が想像していたのと違いすぎて面を喰らった。浴室を出て林店長に挨拶した。そうしたら井上を呼びますよといって声を掛けに行ったのだが井上勝正氏はその時、掲示物の張り替えをしていた。林店長に呼ばれてやって来た井上勝正氏の落ち着き払った雰囲気に圧倒された。昔観た座頭市を思い出した。この人が「ネーネーネーネーパーパーパーパー」というやつをやっているのか、俄かに信じられなかった。

一見、滑稽だが一切ふざけていない

彼の熱波師としてのパフォーマンスは一見、癖が強い。登場から異常なほど長い前口上。熱波を始める前に退出者が出るほど長くずっと喋っている。10分以上に及ぶこともあるという。これは別に奇を衒《てら》っているわけではない。しっかり理由があってサウナで少しでも発汗してもらうためだ。話で気を惹きつけ夢中にさせるのが目的である。その目的を遂行するために長い話をする。彼はアンサーに基づいた行動をしているだけだと話す。その公式に当てはまれば正しいという考えであり、実にシンプルだ。

もし彼の長い話にお客さん全員が飽きてしまったら彼の負けである。パフォーマンスはこのような小さな勝負の繰り返しであり、一つひとつに勝利しなくてならない。常に真剣でベストを尽くしているという。

「ネーネーネーパーパーパー」はお客さんとのコールアンドレスポンスであり、それ以上の言語的意味はない。熱波でそこに「ネ」と「パ」という音があったからぐらいの理由であろう。アンサーから導けば「アーアーアーイーイーイー」「ウーウーウーエーエ一エー」でも成立しそうであり、なんでもいい気がする。これがカッコイイかどうかという価値観には縛られていない。

一つひとつのアクションに「オーバーヘブン」「サウナの賛美歌」など命名されたものがある。これはお客さんから注意を惹きつけるコミュニケーションが目的である。言語の力がコミュニケーションを生み出すのだ。コミュニケーション能力は情報から生まれると話す。彼は情報収集をしっかり行っている。彼は非常に勉強家だ。全ての情報を取り込みそれを仕分けし必要な情報を取り出しているのだという。過度に惹きの強い言葉を選ぶことがあるが、これも目的達成のためのアンサーから導き出されたものである。言葉の選択に論理的必然性はない。複数存在するアンサーから彼が作為的に選んでいるだけだ。アンサーに当てはまればどんなに滑稽な言葉を選んでも正解なのだ。

お客さんの感情に訴えるパフォーマンスなのだが、彼は冷静にそれを行っている。魂を燃やしてやっていますみたいなイメージに見えるが全く逆である。お客さんが熱狂するほど彼は理性的になっていく。感情的になって我を失うということはまずない。サウナ室を支配する熱波師は全員の安全を守るため、誰よりも理性的でなくてはならないという哲学がある。

熱波を行っているときは感情が無く、自分が感情に含まれていないのだと彼はいう。自分の肉体を精神でコントロールできているということなのだろう。自分の主観ではなく別視点のチャンネルみたいなものが発動されているのだと想像する。

彼は自分のロジックが確立されているので緊張したり恥ずかしがる素振りが一切なく堂々としている。これがもしふざけた気持ちでやっているならそうはいかないだろう。僕は彼が熱波師を演じているのだと思っていたがそれは違った。芝居的要素はない。笑わせるつもりも笑われるつもりもない。ただ熱波を真剣にやっているだけだ。

他の人から聞いた話だが日本語がわからない外国人が彼のパフォーマンスを見るとほぼ必ず「実にクールだ」というそうだ。先入観を取り除けば彼は実にクールなパフォーマンスをしているのだ。

これを読んでいる人にも最初の僕と同じく彼の存在やパフォーマンスが好きになれない人がいるだろう。後に気づいたのだが彼の熱波パフォーマンスは先入観を捨てることが必要で、時間をかけて知るタイプのコンテンツだ。わかりやすそうで実にわかりにくい。好き嫌いは個人の自由であるが、彼の魅力を知るには多少の理解力と少々の時間が必要だとお伝えしたい。

元プロレスラー熱波師という呪縛

彼がメディアに取り上げられる際に強調されるのが元プロレスラーであるということだ。怪我でプロレスを引退せざるを得なくなり、その次の舞台が熱波師であるというストーリーである。挫折から立ち上がったというストーリーは感動的であるがそれは現在の彼を縛るものであり、必要以上に語る必要はないと個人的に思うのでこれ以上は触れない。もし彼の熱波師になるまでのストーリーが気になる方は他のメディアで数多く取り上げられているので、インターネットで検索してみていただきたい。なかなかに壮絶な人生である。失敗が多く、取り返しがつかないことで失ったものがあると彼はいう。

いまの彼にプロレスラー的要素があるかというと、間違いなくあるであろう。それは彼自身にプロレスというものが焼き付けられているからであり、その要素が滲み出るのは当然だ。しかし現在の彼は熱波師でありプロレスラーではない。彼の熱波を「井上劇場」などと表現しているのをよく見かけるが、プロレスに引っ張られた見方だと思う。彼はプロレスという呪縛から解かれていないのだ。僕はそういう色眼鏡なしに純粋に彼の熱波を見ていきたい。

「サウナそのもの」という肩書きの意味

以前彼は「サウナ皇帝」と名乗っていた。しかし後輩とのやりとりでトラブルを起こしてしまったのが原因でその肩書きを返上した。そこで彼がつくり出した新しい肩書きは「サウナそのもの」である。一見、哲学的なようで難しい。「THE サウナ」的なサウナの概念を背負う名称なのだろうか。

彼の解釈によるとサウナは空間のことである。サウナ室のストーブや壁や天井は空間を規定するために構成されるのもであり、熱波師である彼もそれらと同じくサウナを構成するものであると解釈しているという。つまり自分の存在がサウナであり空間なのである。

確かに彼のパフォーマンスは自分の主観ではなく別視点のチャンネルみたいなものであるといっていたが、それは「サウナの視点」だったのだ。

生成変化という概念がある。Wikipedia によると「哲学者アンリ・ベルクソンのアイデアをもとに、哲学者ジル・ドゥルーズが発展させた概念。人が狼を見て、おれは狼になる、なりたいと念じ、その結果として狼に分身する。星を見て、自ら星になったような気になる。花を見て花になる。そのような心理的動きの中に、錯覚にとどまらない本質的なものがあり、それをフランス語『devenir（成る）』という概念とした」

彼はサウナの中で念じることによりサウナになったのだ。いうまでもなくサウナになった彼は「サウナそのもの」なのである。個人的に「サウナ皇帝」よりも相応しい肩書きだと思う。

実は僕も以前、似たようなことを考えていた。もし自分がサウナだったらどうなんだろう？　サウナは何を考えているのだろう。サウナに依存しサウナに溺れる僕を肯定してくれるのだろうか。サウナが望まないことはしないほうがいいのではと。僕はサウナに関して考えがブレそうになったら、サウナ目線で正しいことをするように心がけている。

サウナそのものは何も考えていない

サウナそのものになった彼は熱波の最中、何も考えていないのだという。熱波のパフォーマンスには自分の型がありそれを無心に行っているだけである。イレギュラーなことをすると危険が増え、それを予測しないといけないので極力しないようにしている。イレギュラーが失敗に繋がったことは何度もあるという。しかし失敗は最大の情報でありそれが勉強になり改善へ繋がると考えており、失敗を知らないのは危険だと彼は語る。

何も考えていないが、唯一意識していることがあるという。それは呼吸である。ヘソの下に空気を溜めてそれを固めて揉むイメージだという。呼吸が最も自分をコントロールできる手段だと考えている。確かに心臓などの内臓は自分の意思とは別に動いていてコントロールできない。人は緊張すると無意識に呼吸が浅くなる。逆にいえば無意識の浅い呼吸が緊張を生み出すのだ。緊張は余計な思考を生み出す。無心で熱波をする彼には余計な思考は不要である。サウナそのものになった彼が人間・井上勝正の意識に戻らないようにするための手段が呼吸である。サウナになった彼の思考と肉体を結んでいるのが意識的な呼吸なのであろう。

取り乱してしまったときは深呼吸すると落ち着くときがある。深い呼吸が心を一旦無にして、そこから深い思考を生み出すと彼は語っていた。意識的な呼吸は大切であると改めて認識させられた。

人に興味があり人を観察している

彼は「人が好きで面白い」という。人間はイレギュラーを起こすのが理由であるというのだ。イレギュラーは失敗を生むと先にいっていたが、彼は失敗に対しネガティブではない。むしろ失敗にポジティブである。自分の不完全さを知っているし、他人の不完全さを受け入れる度量がある。

熱波をしているときはお客さんの顔を見ているという。顔はウソをつけない。フィジカルとメンタルの全てが現れているのだという。確かに喜怒哀楽は表情に出る。彼はそんな人間の正直さが愛おしいのだろう。

サウナのように極限に近い場所では人は正直になれるのかもしれない。

人間の体は60％が水でできている。故に彼は体の水の循環を大切にしているという。水分を摂取しサウナで排出する。これが健康を生み出すサイクルだという。病気は余計な水を「排水」できていないからであると考えている。そこの詳しいロジックは僕にはわからないが、積極的に代謝を促して体の水分をサイクルさせるのは健康に良さそうであるし、それなりに効果があると思う。僕がサウナに入る理由はそれではないが、彼がサウナを勧める理由は水の循環をして人間の機能を上げることである。

自己顕示欲があるし自画自賛している

彼はSNSの情報発信を積極的に行っている。自身の熱波を受けた感想の投稿には必ずといっていいほど返信をしている。なぜ返信をするかというと、ユーザーに「答え」をあげたいのだという。この「答え」は先にいっていた「アンサー」のことだろう。アンサーを示すことで自分の意図を伝えたいと思っているのだ。それは自分が「言いたいから言っている」のだという。答えをアウトプットできないとモヤモヤするし、自分への賞賛を求めていると正直に語ってくれた。確かにコミュニケーションはそういうものである。批判的な意見ももちろんある。それにも自分の考えを伝えている。批判には目を背けたくなるが彼は真っ向から向き合っている。なぜなら批判を気にしていたら成長できないからであるという。まだ自分自身に成長を求めているのが驚きだった。

サウナに存在する無常感

サウナ室でストーブの石に水を掛けると蒸気が発生して上昇していき、いずれ必ず消える。それは人間と同じだと度々思っているという。人間も何処から現れて何処かに必ず消えて行く。サウナにはそういう無常感が漂っているのだと彼はいう。蒸気は消えるし、人は死ぬ。花は散るし、楽しい時間はやがて終わる。他人事ではなくもちろん自分もそうだ。世の中は儚《はかな》く刹那い。いまの常識がいつひっくり返るかわからない。少し前には、疫病が流行って自由に出歩いたり人に会ったりできなくなるとは思ってもみなかった。

熱波師をやりたい人に言いたいこと

「真実はない、あるのは事実のみだ」と彼はいう。まずは事実のみを信じるべきだという。熱波師には論理的思考が求められるというのだ。事実をひたすら積み重ねる、それの繰り返しだという。

「サウナはなぜ熱するのか?」「サウナではなんで〜なのか?」そういう疑問をたくさん集めてそれらのアンサーを全て用意しておくのが必要だという。ロウリュで発生した蒸気は不規則に勝手な動きをする。それには風ではなく対流を起こしなさいとアドバイスする。単発の風を乱発して風同士をぶつかり合わせないで対流で一方向に大きな気流を起こすべきということなのだろう。

そして熱波師を目指すのならいまよりもっと自分を愛すべきだという。自画自賛できるぐらい自分に自信がなければ批判に潰されてしまうだろう。多少の自己顕示欲はあって当然だ。

この根拠のない自信を勧める意味はなんだろうと思ったが、それは漫画の『キン肉マン』である。「おお！　ことばの意味はわからんがとにかくすごい自信だ！」とキン肉マンはよくいっていたが、彼はそれに似ていると思った。

彼の言葉は答えを先取りしたものが多く断片的な形で発せられることが多いので解釈が難しい。言葉の意味を丁寧に咀嚼していかないと理解が難しい。そんな彼はキン肉マンが大好きだという。

どういうところが好きかと訊いたら「キン肉マンは目が笑っていない。これは大きな舞台で勝つ人の目だ」こう答えた。確かに彼もいつも目が笑っていない。

熱波師をしている理由

大胆にも「熱波師はいらない」と彼はいう。なぜならば居なくても困らないからであるという。確かに熱波師はサウナに必ずしも必要ではないだろう。熱波師はあくまでサウナの付加価値の一つでしかないと考えているという。そういう危うい存在だと認識している。ロウリュの蒸気のようにフッと消えてしまうのかもしれない。いままでの失敗や挫折から学ぶことがあったのだろう。ではなぜ熱波師をやってるか尋ねると彼はこう答えた。

「自分が生きるため、息子を育てるためにやっている」と。

人は結局生きなくてはならない。たまたまいまの生きるための手段が熱波師の仕事であっただけでそれ以上の意味はないのだろう。辛いことがあったとき、息子さんが漫画『ジョジョの奇妙な冒険』の台詞を引用してこういったのだという。

「覚悟はいいか？　オレはできてる」と。彼はこの言葉に救われたと、やや感情的になって話してくれた。その顔はサウナそのものではない人の悲しみを知る井上勝正氏の顔だった。顔はウソをつけない。

第 8 章

望月義尚

株式会社アクトパス代表

コンサルタントに聞く熱波師の立ち位置

温浴のコンサルタント・機材の会社である株式会社アクトパス代表の望月義尚氏に熱波師やロウリュ、アウフグースについて伺った。日本のサウナにロウリュやアウフグース文化を広めた人物である。熱波師の本を書いていますというと「サウナもニッチだけど、熱波師もニッチですね、本当にニッチなところ突きますね」と半笑いで嬉しそうに驚いていた。

日本にロウリュが登場したとき

日本の都市型サウナ施設でロウリュという言葉を登場させたのは大阪難波にあったニュージャパンサウナが最初だったという。それが1990年代後半。それ以前にも自然発生的にサウナストーブのストーンに水を掛ける行為は各地で行われていた可能性があるが、現在の商業的なサービスとしてのロウリュの原形はニュージャパンが海外視察の後に始めた。それは当時の最先端であり、ドイツのアウフグースを日本流に落とし込んだものであり、言葉のわかりやすさからロウリュと命名されたという。その後になって望月氏はニュージャパン観光の社長から、ニュージャパンのスタイルはフィンランド式のロウリュではなくドイツ式のアウフグースに近いと聞かされて驚いたそうだ。
そして神戸サウナ、ウェルビーといった施設がニュージャパンに続いてロウリュを始めたのだという。その後に首都圏で横浜のスカイスパ、平塚のグリーンサウナが導入したという。

90年代末から00年代初頭にロウリュを開始した施設

ニュージャパンがロウリュを始めてから7年後の2006年の時点で、全国のロウリュ実施施設は14店舗。その間普及はほぼ進まなかった。

2006年時点でのロウリュ実施店舗

・ホテルマリックスラグーン（宮崎県宮崎市）
・四国健康村（香川県丸亀市）
・神戸SPA&SAUNA（兵庫県神戸市）
・ニュージャパンSPA PLAZA（大阪府大阪市）
・延羽の湯（大阪府羽曳野市）

・あがりゃんせ（滋賀県大津市）
・サウナウェルビー（愛知県名古屋市）
・小京都の湯（愛知県西尾市）
・湘南ひらつか太古の湯グリーンサウナ（神奈川県平塚市）
・SKYSPA YOKOHAMA（神奈川県横浜市）
・Spa LaQua（東京都文京区）
・豊島園 庭の湯（東京都練馬区）
・なごみの湯 湯～とぴあ（東京都杉並区）
・花和楽の湯（埼玉県小川町）

熱岩石で遠赤外線ストーブでもロウリュ

日本でロウリュの普及が進まなかったのには理由がある。それはストーブの問題である。日本に最も普及していたのはガス遠赤外線式ストーブ。これは水を掛けて水蒸気を発生させられる構造ではなく、ロウリュはできなかった。

そこで望月氏は「熱岩石（スチームジェネレーター）」を開発し販売する。これはポータブル式の蒸気発生装置である。これを使えば遠赤外線式ストーブでもロウリュを行うことができる。２０１３年に発売され価格は税抜き20万円。ストーブを入れ替えるよりは安くロウリュができるということで導入する施設が出てきたが、いまはロウリュができるストーブが普及してきてその役割を終えつつあるという。イズネスというロウリュができるガス式遠赤外線ストーブも登場した。熱岩石は約30台ほど販売されたという。

この熱岩石は主にロウリュができないサウナストーブのサウナ施設が購入したが、個人的に所有している熱波師もいる。先に登場したレジェンドゆう氏は熱岩石を2台所有している。熱波師がこれを所有すれば、ロウリュができる設備がない施設でもサービスを行うことができる。熱波師が所有するのならまだ多少は需要があるかもしれない。

全国の施設にロウリュのコンサルをして回った

望月氏はロウリュを普及させたい思いから全国の施設にロウリュのサービス研修をして回ったそうである。ちなみに研修料は10万円。高いのだろうか？　それとも安いのだろうか？　通常の温浴コンサルからするとかなり控え目の価格だという。研修の内容はロウリュの歴史の説明から始まって、安全知識、備品消耗品の準備、トークマニュアル、スタッフのタオルパフォーマンス練習、サウナ室での実演。まだロウリュというものが知られていなかった頃にこれらの情報を得るのは難しかった。そう考えると高い価格ではなかっただろう。実際にロウリュを導入してそれがきっかけで人気施設になったところも多くあった。充分な費用対効果があっただろう。しかし現在、この研修に10万円の価値があるかといえばそうではないという。いまやロウリュを導入している施設は200店舗を優に超え全国の至る所で体験できるようになった。当初はサウナストーブにどれぐらいの量の水を掛ければいいか知られていなかったが、セルフロウリュの施設も増え気軽に試せるようになった。このコンサルティング活動も役割を終えたのだという。そんな努力が実ってロウリュはこの数年で一気に普及した。

コンサルタントから見る熱波師の役割

まずはサウナへの興味を持ってもらうきっかけの存在である。熱波師ってなんだろう？　どんなことするんだろう？　一度体験してみたいな。そんな感じで興味を持ってくれる人がいるだろう。ただサウナがありますよ、というよりは惹きが強い。そしてイベント性。熱波師がいないとイベントにならない。イベントという特別感、お得感。これも購買の動機付けになるものだ。

少しでもサウナに長く入れるように、芯まで温まるようにさせる役割り。深く温まるほど水風呂で冷やしたときの快感は深いものになり、冷やす快感を半ば強制的に教えられる。優秀な熱波師は時間を忘れるように持っていく。熱波師のパフォーマンスが人を惹きつけ、お客さんを夢中にさせる。夢中になっていたので苦痛を感じることなく、知らぬ間に芯まで温まっていた。それが理想である。

中毒性、習慣性を促す役割り。サウナの魅力を伝えリピートしてもらう。サウナファンを増やす役割りも担っている。ロウリュは特に中毒性が高くヘビーユーザー化しやすいのだ。温浴の中でサウナ客は単価が高く経営レベルでメリットが多い。熱波師は集客アップ、売上アップ、健全経営へのキーパーソンといえる。

伝説の熱波師、ロングトーク望月

ロングトーク望月は彼がコンサルでロウリュ研修を行っていたときの熱波師ネームである。なぜロングトークかというと話が長かったからである。文字で起こされたものを読ませてもらったがとにかく長い。ロウリュの歴史や蘊蓄《うんちく》などサウナの小話が延々と続く。サウナ好きならこの話術にハマるだろう。僕もついつい見入ってしまった。だが4割ぐらいのお客さんが話の途中で脱落してしまったという。個人的にここまで徹底していたら面白いなと思う。

だがこのロングトークの手法には賛否がある。お客さんに少しでもサウナへ長く入れるように芯まで温まるようにするのが熱波師の役割りだ。長い話で惹きつけるのは一つの手段である、と肯定する人も多い。しかしせっかくロウリュを受けにきたのに耐えられず受けられないのは良くない、話は短くしてサッサと始めなさい、と否定的な意見もある。それもごもっともな意見だ。まあいずれにしてもお客さんを惹きつければいいという話である。その手法は熱波師が決めればいい。

良い熱波師とは？

熱波の目的は惹きつけることであり、トーク、技術、容姿など色々な要素がある。良い熱波師は惹きつけるサムシングがある。先天的なものもあるだろうし後天的なものもあるだろう。それは人それぞれだ。

良い熱波師は技術だけではなく構成がしっかりしている。トークからロウリュ、攪拌、アウフグースまでの流れ、スムーズに合理的に行われるとお客さんをより惹きつけるだろう。

一つひとつの丁寧さも良い熱波師の大切な要素である。丁寧だと有り難みがある。極めると厳かな儀式のようなものになっていく。お客さんだって雑な所作よりは丁寧な所作を見たいだろう。美しい所作はつい見入ってしまう。熱波師が丁寧で損をすることはあまりない。

良い熱波師が扇ぐのはどんな風かというと「心地の良い風」である。ただ熱いだけなのは如何なものか。強く扇ぐにしても、弱く扇ぐにしても心地良い風であるのが前提だ。その場の蒸気量などサウナ室のコンディションを把握して常にベストの風を起こすべきなのである。

パフォーマンスが自己満足で終わらないのが良い熱波師だ。自分の動きを見せて満足しているのはどうか。熱波師にはもっと考えなくてはいけないことがたくさんあるという。

良い熱波師はサウナ室に気流をつくっていく。同じ方向に扇いでいくと気流の渦ができてくる。逆方向に扇いで気流をぶつけない。下からの風もある。風の全体の動きを把握し全身に来る大きい風を起こすと良いという。

ロウリュにしろタオルを振るときにしろ良い熱波師はいい音を出す。サウナストーブの能力を引き出しサウナストーンの焼け具合を把握し適切にロウリュするといい音が出る。ロウリュ前にドアを開けて換気するのは、温度を下げてストーブをオンにするためである。それでストーブの負担が減る。ストーブがオフのときに掛けると故障の原因。熱波師はストーブのメンテナンスも勉強しないと駄目だという。

アロマオイルで良い香りを演出するのも大切である。良い熱波師はその場の雰囲気や季節感など様々な要因から適切な香りのアロマオイルを選ぶ。

これだけ羅列したのでわかると思うが、良い熱波師には様々な技術やパフォーマンスの総合力が求められると彼はいう。

熱波師が職業として成立するために

一部プロの職業熱波師はいるが首都圏に限られているし、全国的に職業として成り立っているとは言い難い。もちろん願望としては成立してほしいと彼はいう。日本でプロと呼べる熱波師には所属熱波師とフリー熱波師がいる。所属熱波師は温浴施設に熱波師として所属し自分の施設で定期的に熱波を行い、他の施設に依頼があれば別途報酬を貰い熱波をやりに行く。フリー熱波師は温浴施設に営業などをして熱波の仕事を獲得しそれぞれの施設から報酬を貰うやり方だ。アウフグースの本場ドイツではほとんどが所属があっての活動だという。望月氏は完全なフリーは難しいのではという。もしフリー熱波師を成立させるのならエージェント的なものが必要なのでは、と彼はいう。

フリー熱波師を一括で管理するエージェント。イマドキの例えならYouTuberの事務所などがそれに近いのではないか。そういうエージェントができれば熱波師の仕事も安定させることができるし、マネジメントを切り離すことができて熱波師の負担も減るだろう。

最近の熱波やアウフグースに見られるのがサービスの有料化である。1人200円程度の料金で予約制のシステムだ。基本的に有料化には賛成であるという。最近のシステムならロッカーキーのリストバンドで課金ができる。望月氏の会社でしゅわしゅわ炭酸シャワーの浴室内課金があり、それはお客さんの背中を流す三助や、その場で浴槽に新湯を入れられるサービスにも反映できるだろうという。もし年間300日1日50人に有料熱波をしたら年間1万5千人。1人200円貰えば300万円の副収入となる。

有料とは別におひねりのような投げ銭システムもいいと僕は思った。熱波のサービスが終わった後に希望の金額をバーコード決済で投げ銭するのだ。最近では動画の生配信で投げ銭するシステムが定着しておりユーザーも抵抗感がないのではと思う。望月氏も賛成だという。しかし投げ銭は施設が先導しないと始まらない。経営者の意識の問題で簡単には導入できないだろうという。

温浴施設従業員の地位向上

温浴業界の仕事はキツいといわれている。そして収入はあまり高いとはいえない。「温浴の仕事は収入の割に仕事がキツい」そんなふうに世間でも認識されている。

とある温浴施設の支配人が話していた。実際に温浴施設で働きたいとやって来る人のほとんどが「温浴の仕事を舐めている」と。働いている人達が自分達の業界を蔑んでいるのだ。故に離職率も非常に高い。温浴業界の人材不足は慢性的なものである。負のスパイラルに陥っている。

温浴施設従業員の地位向上は業界発展のためには必要だ。温浴施設の方々が誇りを持って働けるようになってほしい。それにはまず温浴施設の地位向上が必須である。温浴施設の経営側は施設の価値を上げ従業員のモチベーションを上げなくてはいけない。従業員のケア。給料などへ反映。やりがいを与えなきゃいけない。

地位向上には熱波師の活躍が必要で、スターの誕生が待たれるという。それはどんな熱波師かわからないが、この本に登場している熱波師の誰かなのではと僕は思っている。

熱波師はプロになって従業員、施設、業界の地位向上をしてほしいと望月氏は力説する。熱波を足掛かりに広がればいい。温浴業界が汚れ仕事から光を浴びる仕事になってほしいという。

ホテルの従業員は高いプライドを持って仕事をしている。よくホテル業界でいわれるのが「私達が接客できるお客様は紳士淑女に違いない」という言葉と「どんな下働きでもその仕事が一番上手くなったら、会社はあなたのことを放っておかないでしょう」である。「ヨモギダさん、温浴施設にそういう考えを持ち込めませんかね?」といわれたが上手い答えが思い浮かばなかった。これは僕の課題として心に留めておこうと思う。

良いサービスを受けられない理由

望月氏はこんなエピソードを話してくれた。とある温浴施設の運営者が話していたという。「私達の施設にいらしたお客様の態度が悪いのは、私達の接客の態度が足りていないからなのです」と。そしてこう続く。「この態度のお客様がもし帝国ホテルへ行ったら同じ態度はとらないでしょう」

確かにそうなのである、自分達に誇りが持てていないからお客さんに見透かされてしまうのである。施設側のそういう意識は大切だ。

だがこれには逆の視点があると、僕の意見を述べさせていただいた。「お客さんが良いサービスを受けられないのは、良いサービスを受けられる良い立ち振る舞いをできていないのです。サービスする側も人間です。良い態度の人には良いサービスをしたいと思いますし、悪い態度の人には良いサービスをしたいと思わないのです。真に良いお客さんはサービス側に好かれる振る舞いをしてより良いサービスを引き出します」

「なるほど〜」と望月氏は唸っていた。サービス側、お客さん側の双方が認め合って入れば良いサービスが生まれるのだ。温浴業界にも良いサービスを引き出せるお客さんが増えてほしい。

熱波師はどうなっていくのか

日本の熱波師文化の始まりはニュージャパン。多様性はおふろの国の林店長が拡げたという。林さんは継続しているのが凄いと彼をキーパーソンに挙げていた。その林店長が手掛けた、熱波師や多くの温浴関係者が出演した大サウナ博というイベントに参加して感じたが、流派になっていくのがいいのではという。現状色々なスタイルの人が並立している状態で一つの流れになっていくとは考えにくいという。ちなみにアウフグースの本場ドイツではほぼ一本化されているらしい。違う価値観とも認め合い調和してきたのが日本の文化である。オルタナティブを認めることが大切。何が良いかは自分で選ぶべきであろう。

熱波師をやりたい人は熱波イベントをやっている施設で勤めるのがいいという。温浴全体のことを知るべきである。そうでないと独りよがりになる。

2019年に株式会社メトスとドイツサウナ協会共同で行われたアウフグース講習

会。こういうのはぜひ継続的に開催してほしい。日本サウナ熱波アウフグース協会の熱波師検定もあわせて日本独自の仕組みが確立してくれると良い。安全性やアロマなど必要な知識がありそれを補《おぎな》えばもっと熱波師のレベルアップができるだろう。ぜひともそういう流れになってほしい。

温浴業界の課題

まずは施設のインフラ整備の課題がある。それは設計士やメーカーの問題。サウナ室がロウリュが可能なスペースを確保した設計になっていない。メーカーは水掛けに特化したストーブをもっと普及させてほしい。施設の運営的な面では人材の育成が重要である。従業員が熱波師をしたらロウリュ手当を出すとか、サービス実演後の休憩。そういうケアをしないと継続性は生まれない。温浴施設の継続性が重要であり温浴の発展なしに熱波師業界は伸びない。例えば営業面では施設内のリラクゼーションは街角の格安マッサージ店に競合負けしているといわれるようになって久しい。いつまでも現状を嘆くのではなく、具体的な対策を打っていかなくてはいけない。

ユーザーに求められることもある。熱波師はご指名を受けると嬉しい。やりがいを感じる言葉を掛けてくれると嬉しいのでもっと声を掛けてあげてほしい。もっとリアクションがあっていいという。施設の従業員熱波師、以前は黒子だったけどいまは顔が売れてきているのでもっと応援してあげてほしい。

最近よく見かけるが、お客さんがお客さんを叱るのは良くない。多少マナーが悪い人がいるのが自然だと知るべきだという。確かにコロナ禍で、悪いマナーを見かけるし、お客さん同士ピリピリしている。ぜひともお互いに寛容な心で接してあげてほしいものだ。

有名施設に人気が集まっているのも問題である。地域密着のサウナと観光地サウナに二分してきている。人気施設に負けていないスペックの施設もあるので、ぜひとも身近な所に目を向けてほしい。リピーターが定着しないと施設の営業は安定しない。

最近増えつつあるプライベートサウナや小屋サウナなどの小規模サウナは、全く別のビジネスモデル。これからどうなるかまだわからない。

今回のコロナ禍で露呈したのが温浴業界の足並みの揃わなさ。以前からの問題であり業界を横断するような組織が必要だと力説する。銭湯とそれ以外の区別をして営業自粛の基準が違ったのはおかしい。望月氏が主導して知事に嘆願書を出したが全く反応がなく力が足りなかったと振り返る。それを機に業界の繋がりをネット上で模索したという。その道のりは厳しく一筋縄にはいかないだろう。現状は厳しいが行動しなくては何も起きない。

望月氏はこれからの温浴業界がより良くなっていってほしいと心から願っていた。僕も微力ながら何か協力できたらと思う。

考　察
これからの熱波師とサウナ業界

熱波師の方々やコンサルタントの望月氏から話を伺ってわかったことや自分の意見をこの章でまとめて考察していく。

日本の熱波師、その分類

熱波とアウフグースに二分されている。今回取材した方々はそれぞれ、自分は熱波師だという人と、自分はアウフギーサーだという人に分かれた。本書では便宜上その総称を熱波師としたが、その呼ばれ方を拒絶するアウフギーサーも出てくると思われる。アウフグースでもショーアウフグースは違うものとされていた。今後、熱波師もアウフギーサーもさらに細分化していくものと思われる。

職業形態の違いもあった。温浴施設所属熱波師とフリー熱波師に分かれる。温浴施設所属でも正規雇用の熱波師と、非正規で所属しその他にフリー活動をする熱波師がいる。フリー熱波師だからプロかというとそうとも限らず、プロではないフリーも存在する。

ジャンル・スタイルの違い

- 熱波師系
- アウフグース系
- ショーアウフグース系

職業形態の違い

- 温浴施設所属熱波師
- フリー熱波師
- プロ熱波師
- 有名人熱波師
- アマチュア熱波師

熱波師に必要なこと

熱波師として成功している人が長けている能力を「熱波師に必要なこと」としてまとめてみた。

人を惹きつける魅力

人前に出て見られる仕事なので人間的な魅力が評価の対象になってくる。それは見た目の良さであり、技の凄さや喋りの上手さでもある。あるいは人柄の良さでもある。それら全てかもしれないし一部だけでも成立する場合もある。他人に認められるための努力は怠ってはいけない。その中で最も不安定なのは見た目で、それで勝負している者は、見た目が衰える前に技や人柄を磨かなくてはいけない。

誠実さ

自分に対しても他人に対しても誠実でなくてはならない。この場を任せられているという責任感。安全を守る意識。真に良いパフォーマンスをしたいという意識がなくてはいけない。他人に対する思いやり、慈愛の心を持って臨むべきである。挨拶や礼儀などにも繋がってくる。誠実さはお客さんからの信頼を生む。

戦略性

自分のセールスポイントは何かをよく理解し、ターゲットを定める。それに基づいたパフォーマンスの構成。キャラクターづくり。将来的な展望。どのような熱波師になりたいかを具体的に決める。一流の熱波師は常に自分を客観視してパフォーマンスのバージョンアップをしている。

プライド・自信

自分がやっていることに誇りを持つ。自分を信じ信念を貫き通すこと。自信に繋がる。自信を持っていれば緊張せず、堂々としたパフォーマンスをすることができる。

自己管理能力

健康、時間、スケジュールなど全て正しく管理する能力が必要。良いパフォーマンスをするための情報収集や道具などの下準備、施設との条件や報酬の交渉などのマネジメント能力。一流の熱波師は短期的にも長期的にも時間の使い方が上手い。

サウナへの愛情

サウナを愛しサウナを知りたいという心が必要。サウナへの探究心は新しいアイデアを生む。サウナを知れば知るほど、ユーザー目線で何が良いもので何を求められているかわかる。愛情が無いパフォーマンスは人の心に響かない。

緊張と真剣さは必ず伝わる

数多くの熱波師を見てきたがパフォーマンスや技の巧拙とは関係なく、緊張と真剣さは伝わる。熱波師の緊張は客を不安にさせる。同情を買い逆に優しい目で見てもらえる場合もあるがそれに甘えてはいけない。緊張を取り繕うのは難しいので緊張しないように自信を持てるまで練習することが必要だ。

失敗してしまっても真剣さが伝わればそれをカバーできることもある。逆にどんなに良いパフォーマンスや技を見せても真剣さが感じられなければ全て台無しである。一流の熱波師達は皆、真剣にパフォーマンスをしていてそれが伝わる。真剣さは人の心に響く。

僕がいままででいいと思ったパフォーマンスのほとんどは熱波師の真剣な思いが伝わったときのものだ。

サウナ室の外でも評価される

熱波師はサウナ室内でのパフォーマンスが全てではない。サウナ室の外での行動も重要である。温浴施設スタッフとのやりとり、ユーザーとのやりとり全て評価の対象である。見られる仕事だけにパフォーマンス以外の振る舞いは気を付けなくてはいけない。一流の熱波師のほとんどは他の従業員と同じ意識でその場にいるという。お客さんに何か尋ねられたら従業員と同じように対応し答える。自分は熱波師だからわからないは通用しないであろう。客目線では熱波師も他の従業員も一緒の一施設スタッフである。施設の評判を落とすことになってしまう。まだ「熱波師＝アーティスト」という時代ではない。そこを履き違えるとどんなに実力があっても認められないだろう。

SNSやブログなどを使った広報活動も重要だ。告知や熱波を受けてくれたお客さんへのお礼など丁寧に対応していればファンが増える。そういう地道な活動も求められる。「サウナ以外でも見られている」そんな意識が熱波師には必要だ。

熱波師の多様化が進む

歌舞伎、落語、茶道、華道など日本の文化は流派ができやすく、日本の熱波師が一つの流れになるとは考えにくい。考え方の違いから流派や派閥がさらにできるだろう。最初にサウナニュージャパンが始めたオールドスタイルの日本式ロウリュを継承したいという者と、ドイツなどの海外から取り入れた最先端のアウフグーススタイルを模索する者の二つに大きく分かれる。それとは別にそのどちらにも所属せず自分のオリジナリティを追求するというスタイルも少数だがある。それぞれの舞台が分かれつつあるように思える。

別な軸で考えれば、グローバルな評価を求める者とローカルでの評価を求める者に分かれる。日本全国や世界で評価される存在になりたいという野心を持つ者もいれば、特定の施設でのみ活躍したいという者もいる。広く誰からも評価されるポピュラーなスタイルを目指すのか、サウナ通のニッチなマニアからの評価だけを受けたいかの違いだろう。

主流に対するオルタナティブが常に存在するのが自然だ。個人的にどのスタイルも肯定したい。そして熱波師同士も違うスタイルを否定せず多様性を認めるようになってほしい。

熱波師になりたいという人のほとんどは、熱波師として成功したい、という夢があると思う。大きい目標でも小さい目標でもどちらを持ってもいい。大きいステージで活躍して地位や名声を得たい、高額な報酬を手にしたい。身近にある小さいサウナでパフォーマンスをしてお客さんを喜ばせたい。自分自身が納得できるレベルまで技を磨きたい。熱波師として生活できるようになりたい。人それぞれあるだろう。どこで活動し誰に評価されたいか。何を以《もっ》てして成功というのか、そういうことをしっかり考えておくと自分の進みたい道がわかってくるのではないか。

フリー熱波師は増えるのか

本書で取材したのは「フリー熱波師」または「施設に所属しながらフリー活動を行う熱波師」を中心に選んだ。その結果、首都圏で活動する熱波師がほとんどになってしまった。なぜそうなってしまったかというと、温浴施設がフリー熱波師を呼ぶという文化がまだ首都圏でしか盛んに行われていないからである。地方にも首都圏に呼ばれるほどの知名度がある施設所属熱波師が数名いる。技術やパフォーマンスの能力で首都圏の熱波師に負けていない者もいるだろう。しかし現状、まだ地方でフリー熱波師を仕事として成立させるのは難しいだろう。地方でも他施設の熱波師を呼ぶイベントが増えつつあるが、まだ絶対数が少ない。施設同士の交流を増やす必要があるのだが、温浴施設同士の交流は多いとはいえない。商売敵とは仲良くしないという雰囲気が地方にはまだ色濃く残っているように思える。そこで熱波師が施設同士の橋渡し役になれば道は拓《ひら》けて行くのではないだろうか。

これから熱波やアウフグースの文化が日本全国に広まっていくには、熱波師のフリー活動が増えることが必要だろう。それには熱波師のマネジメントを請け負うエージェントができてほしい。エージェントがあれば熱波師がマネジメントに取られる時間や負担が減り、よりパフォーマンスの向上に労力を費やすことができるようになる。

「熱波ファン」と「熱波師ファン」は別物

熱波を好むサウナファンに好まれる熱波師と、その熱波師のファンを増やすタイプの熱波師がいる。それぞれの支持者は「熱波ファン」と「熱波師ファン」に分かれる。

熱波ファンは熱波を受けることが最大の目的である。究極的にいえば良い熱波を受けられれば熱波師は誰でも良い。完全結果重視で熱波師には実力を求める。他の熱波師が気に入ればそちらに行くし非常にシビアである。

熱波ファンをターゲットにする熱波師は良い風を送るパフォーマンスに対しての評価を受けているので、それができなければブーイングの嵐を受けてしまう。その代わり自分の知名度と関係なくどこでも実力で勝負できるというメリットがある。

熱波師ファンはお目当の熱波師のパフォーマンスを受けることが目的である。特定の熱波師のファンなのでパフォーマンスの質については多少目を瞑ってもらえる部分がある。ただファンのケアを怠ったり嫌われてしまったらそれで終わりなのでこちらもシビアである。

熱波師ファンをターゲットにしている熱波師は、自分のファンを喜ばせるパフォーマンスが求められる。故にパフォーマンスをファンに縛られる要素もある。自分のファンで埋めた場面では無敵の強さを発揮できる。しかし自分のファンが少ないアウェイな場面では苦戦するかもしれない。

有名人の参入

最近では知名度のある芸能人や有名人が熱波のサービスを行っているのを散見する。特に熱波師として技術はないのだが、その知名度だけで集客は大幅にアップし、イベントとして成立している。これには賛否両論あるだろう。有名人が来ればサウナや熱波に興味がない人を取り込めて客層のボトムアップができる。これを機に熱波ファンになってくれたらいいのだが、そうもいかないだろう。技術的にクオリティの低い熱波を提供してしまったら二度と熱波に興味を持たないだろう。それに安全性の確保の問題がある。熱波の素人は熱さの加減がわからないし、芸能人なら過剰なパフォーマンスをすることもあるだろう。それに事故が起きても対応できないであろう。

過渡期の一つのコンテンツとしてならいいのかもしれないが、もしこれから熱波が大人気になったら有名人達はさらに参入してくるだろう。彼らにとって熱波やサウナはツールの一つでしかない。そのツールを使い潰して捨てられるようなことが起きてしまう懸念がある。温浴業界全体で監視が必要である。客側も見る目を養わなくてはいけない。

本場や本格的だからいいとは限らない

ドイツのアウフグース文化は日本より進んでおり、大きな会場でヨーロッパを中心に16ヶ国から参加する大規模な大会が行われている。人気アウフギーサーは大金を稼ぎ地位や名声も得ているという。日本の熱波師がそういう世界を望むのもよく理解できる。だからといってドイツのアウフグース文化を丸々コピーするのは如何なものかと思う。おそらく劣化コピーになりオリジナルを超えることはないだろう。もし同じクオリティでコピーできたとしても、それが日本で評価されるとは限らない。

例えば本格的なインドカレーのお店は日本で最高の評価を受けているかというとそうではない。カレーライスは日本人が好むものに改良されて好まれるものになった。本場で本格的だから好まれるとは限らない。日本のウイスキーも同じだ。昔は海外のウイスキーが上質な高級品とされていた。国産品は国内でリスペクトされていなかった。だが海外で日本のウイスキーが大人気になって価格が高騰した。それで多くの日本人が国産ウイスキーの上質さに気づいた。日本人は舶来物を盲信する傾向が昔から見られる。

本場だとか本格的というブランドに惑わされていないだろうか？　本場のスタイルを

目指す人はよく考えて自分の信念を持ってそのスタイルに取り組んでほしい。

儀式大国ニッポン

日本文化と切っても切り離せないのが儀式である。とても儀式が大好きな国だ。皇室や寺社仏閣の儀式はどれも荘厳で美しい。素晴らしい日本の文化だ。完全に型がある熱波師がいてもいいと思っている。ジャパニーズ式、セレモニー・オブ・ネッパ。どうだろうか。

一挙手一投足が全て規定されている熱波師がいてもいいと思う。歩き方、歩幅、水の注ぎ方、お辞儀の角度、扇ぎ方など全てを規定してしまうのだ。日本人はそういうのが得意だ。細かい規定があるということは競技化がしやすいということでもある。

伝統芸能的な動きを取り入れた熱波が見てみたい。能や茶道、空手などは相性が良さそうだ。他にも色々ありそうな気がする。日本の熱波師はそのバリエーションに於いてまだまだブルーオーシャンだと個人的に思う。

有料化の流れ

通常の熱波師のパフォーマンスは温浴施設の入館料を支払えば無料で受けられることが多い。しかし最近は熱波のサービスが有料化される動きが出てきた。一人、数百円の価格で事前に予約購入してもらう。熱波のパフォーマンスを受けたい客が多くて受けたいのに受けられなかったり、パフォーマンスが始まる十数分前からサウナ室で席を確保して我慢して待つという、以前から抱える問題が解決される。

有料化の一番のメリットは「熱波師の報酬が確保できる」ことであろう。報酬の出処が明確なのがわかりやすい。そして成果が数字でわかるのが大きい。いままでできなかった熱波師の定量的評価ができる。熱波師も頑張りがいがあるだろう。

熱波師のパフォーマンスを求める客で溢れている人気施設や、人気熱波師が熱波を行う際は有料化される動きがもっと出てきて定着していくものと考えられる。以前から着衣の上、岩盤浴などで行われる熱波のパフォーマンスは岩盤浴の料金という名目だが有料で行われることが多かった。ユーザーにもそれほど抵抗感なく受け入れられるのではと思う。実際に有料のサービスを行う熱波師が「有料のお客さんはお金を払っているだけあってしっかり楽しんでくれる。熱波師としてやりやすい」と話していた。

この有料化はさらに細分化していくのではと予想する。それは「席のポジションによる価格差の設定」である。演劇やコンサート、スポーツでもその座席の価値によって価格が変わる。演劇やコンサートなら舞台に近い場所が高額である。熱心なファンほど高額な席を求める。スポーツならサッカーのゴール裏や野球の外野などのように声を出して応援したい人の席は価格が安く、サッカーのメインスタンド、バックスタンド、野球のバックネット裏、ベンチ上などは価格が高い。これは演劇やコンサートと逆で熱心なファンほど安い席を好み、実際にそういう席から売り切れる。

では熱波が行われるサウナ室ではどうだろうか。施設による差はあるが、サウナ室の下段の席から埋まっていくことが多い。下段の席は比較的体感温度が低く無理をせず熱波を受けられる。それに熱波師のパフォーマンスを間近で見ることができる。上段の席は元々温度が高い上に蒸気が集まり熱いので、熱いのを好む熱心なサウナファン以外からは避けられている。施設によって変わることもあるだろうが、サウナ室下段の席は高価格に、上段の席は低価格にするのが良い。ストーブの位置に近いかどうかでさらに価格差を付けることもできそうだ。熱波師のパフォーマンスを間近で熱すぎない環境で見たい熱波師のファンは高価格の席を、熱い熱波を受けたいサウナファンは低価格の席を購入するだろう。

熱波師のレベルアップには施設の協力が必要

温浴施設あっての熱波師である。熱波師の立場は非常に弱い。施設のさじ加減一つですぐに吹っ飛ばされてしまいそうな存在である。熱波師だけの努力ではどうにもならないことが多い。熱波師のレベルアップのために、熱波を行う施設運営側の方々に謹んで協力をお願いしたい。

まずは設備的なハード面。熱波のサービスを行いやすい設計のサウナ室。ロウリュを行えるサウナストーブ。できるだけ良い環境を整備してあげてほしい。熱波師が提案する意見は実現できないかもしれないが参考に聞いてあげてほしい。

そしてソフト面。熱波師が継続できるだけの報酬や手当。サービス機会の増加。人材の育成。サービスの有料化や投げ銭システムの導入があってもいい。施設所属の熱波師はモチベーションを保つのが難しい。頑張っても同じ報酬なら手を抜いた方がいいと考える者も出てくるだろう。頑張る者が損をするシステムはやりがい搾取である。そんな不公平がないようにしなくてはいけない。

コロナ禍や水道、燃料の高騰などで温浴施設は非常に厳しい状況である。閉店を検討しているみたいな話もよく聞く。全てそんな簡単には導入できないだろう。そんな状況でお願いするのは心苦しいが、熱波師のレベルアップはこれからの温浴業界の発展に欠かせない。

温浴業界が抱える問題

最近はサウナでのマナーが問題になっている。まず最初に挙げられるのが水風呂に入る前に汗を流さないというマナー違反。サウナがブームになる前のサウナファンは比較的年齢層が高くあまり気にしない人が多かった。ブームになって若い層が増えた。いまの若い層は粗暴な振る舞いを好まない。ちょっと悪いのがカッコイイみたいな価値観がまだ残っている人達と相容れない部分がある。汗を流さない客を他の客が怒りながら叱っているのを見かける。マナー違反に対し過剰に怒るのもマナー違反で負の連鎖が起きている。

そしてコロナ禍になってよく発生しているのが、会話のトラブルである。ほとんどの温浴施設は「黙浴」の標語を掲げ会話を禁止または自粛のお願いをしている。これを守らない人が実に多い。このマナーに関しては古参、新参のサウナファンどちらにも守れていない者がいる。古参は昔からのいつもの感じで喋っているし、新参は集団でサウナにやって来て団体行動をして喋っている。これにウンザリしている人が多くトラブルがよく発生している。これには施設側も頭を悩ませているという。複数での入店を断る施設も出てきた。まだ明確な解決方法が出てきていない状況だ。

マナーを守らない人がいると禁止事項が増える。禁止事項が増えると息苦しい。マナーを守ることが客にとっていい環境をつくるのだ。

銭湯はその公共性から刺青やタトゥーが入っていても基本的に入店できる。それ以外の都市型スパ施設やスーパー銭湯、健康ランドなどは刺青やタトゥーが入った客の入場を禁じていることが多い。これも様々な意見がある問題だ。

多様性が叫ばれている世界的な流れでこれは差別なのではないかという意見がある。それはもっともな意見で見た目で人を判断するのは良くない。だが刺青やタトゥーは他人に恐怖感を与えることが多い。僕個人はあまり気にならないのだが、刺青やタトゥーが入っている人がいる施設には行きたくないという人はかなりいる。

ここから個人的見解の意見を述べる。刺青やタトゥーはOKな施設もNGな施設も両方あっていい。温浴業は商売なのだから経営者がルールを決めればいい。そこに多様性があっていい。高級レストランにはドレスコードがある。子供は断られる。その場に合った見た目と立ち振る舞いがある。これは差別ではない、区別である。温浴施設もそれぞれの考えで区別をしていい。刺青やタトゥーを断るのは「裸のドレスコード」だと僕は考える。最近は刺青やタトゥーをシールで隠せばOKという施設もある。施設の業態によってルールを決めればいいし、他人にとやかくいわれる筋合いはないのである。

客のレベルアップが必要

熱波師のパフォーマンス向上には客のレベルアップも必要である。歌舞伎には最高のタイミングで掛け声を入れる「大向こう」と呼ばれるハイレベルな客がいる。日本の地下アイドルにもコールやオタ芸など進化系の客がいる。所謂プロ客である。良い演者が良い客を呼び込む、良い客が良い演者を育てる。サウナにもそういう客がそろそろ必要である。

数年前に「プロサウナー」という呼び名が世間に出回った。僕もメディアに取り上げられそう呼ばれてしまった時期がある。ただサウナが好きで毎日通っていただけである。何も上手くない。僕はまだプロじゃない。

僕は熱波甲子園という熱波師の大会の審査員をやらせてもらっている。その同じ審査員に僕が知る限りで最もプロに近いと思っている人物がいる。錦糸町サウナニューウイングの吉田支配人である。彼も僕と同じく熱波が好きではないのに審査員を務めている。なのに熱波師のパフォーマンスを受ける態度が実に素晴らしい。本当に隅々まで見ていてリアクションする。失敗した人にはフォローになるツッコミを入れ、歌舞伎の「大向こう」みたいな掛け声をしたりもする。こういう振る舞いができる人がプロに限りなく近い。こういう人が増えれば熱波師の世界がより進化を速めるだろう。しかし一朝一夕にそういう能力を身につけられないだろう。良い客であることは難しい。

競技化が進む可能性もある

今年開催された東京オリンピックでは、サーフィンやスケートボード、スポーツクライミングなどが新しく競技に加えられた。正直そんなものまでオリンピック競技になるのかと驚いた。アウフグースは世界大会が行われている。日本で予選を行いたいという動きがあるし、熱波甲子園という大会もある。オリンピック競技になるのは難しいだろうが採点競技として広まる可能性があるのではないだろうか。新体操でボールやリボンを使った演技とそれほど差はないのではと個人的に思う。規定プログラムとフリー演技にも分けやすそうだ。統一のルールが世界に広まったら競技としてやりたいという人も増えるだろう。

競技化は選手が増えるだけでは成立しない。競技会の運営や審判、記録員も必要だ。さらに協会の本部や他の国とやり取りできる組織がないと始まらない。政治的なアピールもしなくてはいけなくなるかもしれない。今後はそういう人材の育成や確保も課題になってくるだろう。

AIが熱波師をする時代が来るかもしれない

ペッパーやアシモなどロボットが進化している。それにAI（人工知能）の精度もかなり上がってきている。これからも進化し続けるだろう。ロボットが熱波を行う時代が来るのではないかと個人的に思っている。トップ熱波師の動きを完全コピーし、理想の扇ぎ方で風を送る。センサーでお客さんの体温や心拍数などを把握し一人ひとりに適切な扇ぎ方をする。風の強さのリクエストを受ける。技術が進歩したらそんなこともできるのではないだろうか？　遠い未来の話かもしれないがそういうロボットが登場したらいいなと思う。

この話をとある熱波師にしたら「それは大変な脅威だ」と話していた。だがもしこのようなロボットが登場したら熱波師は仕事がなくなってしまうかというとそうでもないだろう。ロボットのコストは高いしメンテナンスも大変だ。大きくて邪魔だろうし、どこのサウナにも導入できるものではない。テントサウナのような野外へ持ち出すのも困難だ。熱波の「役に立つ部分」の再現は可能だが、オリジナリティのある「ショー的な部分」は人間にしかできないだろう。

人間は人間に扇がれるのがベストなのだと思う。マッサージ機がどんなに進化してもまだ人間のマッサージには勝てない。熱波も同じようなものだと予想する。デジタルが登場してもアナログは並立して残るというのが僕の考えだ。

「熱波師とは何か？」の問いに返ってきた回答

熱波師の方々に取材して話を伺ったとき、まず最初にこの質問をした。ほとんどの人が少し悩んでから答えてくれた。ストレートな表現から哲学的・示唆的なものまで色々あった。熱波師とはどんなものかわかる回答や熱波師の心構えが伝わる回答もあった。

- 熱波師とはサウナストーブから最も近い場所にいる人
- 熱波師とはきっかけづくりをする存在
- 熱波師とはかっこいいものではない
- 熱波師とはサービスマン
- 熱波師とはお店とお客さんの間にいる存在
- 熱波師とは温浴施設従業員の一業務
- 熱波師とは第六感を含む全て
- 熱波師とはサウナの良さを引き出す人
- 熱波師とは楽しませる人
- 熱波師とはいい癒しの空間を共有するためのリーダー
- 熱波師とは安心・安全を提供する人
- 熱波師とはエンタメとサウナのトータルプロデューサー
- 熱波師とは施設とお客さんの架け橋

- 熱波師とは心と体を育て上げるお手伝いをする存在
- 熱波師とはいい仕事
- 熱波師とはおもてなしをする人
- 熱波師とは居なくてもいい存在
- 熱波師とは熱を送るだけではない人

これらの言葉を見て僕はこう思った。「熱波師とは熱い仕事」であると。

あとがき

僕が初めてサウナで熱波のサービスを受けたのは、新宿歌舞伎町にあったグリーンプラザ新宿という大型のサウナ施設だった。ロウリュで上がった蒸気が攪拌されて自分の頭や肩に降りてきた初めての感覚はまだ覚えている。5年前に閉館していまはもうないが好きなサウナ施設だった。サウナ通を唸らせるようなハイスペックなサウナも水風呂も無かったが、誰でも分け隔てなく受け入れてくれる雰囲気が良かった。

かつてお気に入りの熱波師がいた。8年ほど前に横浜のスカイスパで熱波師をしていたBさんという熱波師だ。踊るような軽いステップを踏み、軽快にタオルを振っていた。彼のランバージャックは本当にいい音を響かせながら心地よい風だった。彼のアウフグースをもう一度受けてみたい。

大阪難波ニュージャパンのスパプラザで受けたアウフグースも忘れられない。一度スタッフの方々の計らいで、僕ひとりのためにロウリュをしてもらったことがある。広い

あとがき

サウナ室で熱波師を独占した贅沢な時間だった。
熱波師は職業としてまだ過渡期であるだろう。これから熱波師という職業が定着しもっと世間に知れ渡って、子供の憧れの職業ランキングに入ったり、格闘ゲームのキャラクターに熱波師が登場するぐらいになってほしい。それらが実現されるためにこれからも熱波師を追っていくつもりだ。

本書を出版するにあたり、取材にご協力いただいた皆様には大変お世話になり、誠にありがとうございました。おふろの国林店長、スパリゾートプレジデント中出支配人、スカイスパ横浜金社長、お声掛けしてくださったぱる出版の武捨様、編集部の方々と本書を手に取っていただいたあなたに感謝の意を表したい。

2021年8月　神田セントラルホテル611号室にて

サウナーヨモギダ

サウナーヨモギダ
北海道旭川市出身。サウナに関する執筆、講演、コンサルタント、イベントの主催、メディア出演などを主に行っている。ワインなどお酒全般にも造詣が深い。大の広島東洋カープファン。趣味は読書と街の散策、茶道。
オフィシャルブログ「サウナの思想」
https://ameblo.jp/saunneryomogida/

ピクトグラムデザイン：©Arts Inc.
カバーデザイン：冨澤崇（EBranch）

熱波師《ねっぱし》の仕事《しごと》の流儀《りゅうぎ》

2021年 9月21日　初版発行

著　者　サウナーヨモギダ
発行者　和　田　智　明
発行所　株式会社ぱる出版
〒160-0011　東京都新宿区若葉1-9-16
03(3353)2835—代表　03(3353)2826—FAX
03(3353)3679—編 集
振替　東京00100-3-131586
印刷・製本　中央精版印刷株式会社

ISBN978-4-8272- 1300-3 C0034